2022年福建省职业教育在线精品课程

福建省教育厅2021年职业教育课程思政示范项目

融媒体时代的大众传播符号

陈飞鲸 著

中南大学出版社
www.csupress.com.cn
·长沙·

图书在版编目(CIP)数据

融媒体时代的大众传播符号／陈飞鲸著. —长沙：
中南大学出版社，2023.6

ISBN 978-7-5487-5423-7

Ⅰ.①融… Ⅱ.①陈… Ⅲ.①大众传播—符号学
Ⅳ.①G206.3

中国国家版本馆 CIP 数据核字(2023)第 110364 号

融媒体时代的大众传播符号

RONGMEITI SHIDAI DE DAZHONG CHUANBO FUHAO

陈飞鲸　著

□出 版 人　吴湘华
□责任编辑　沈常阳
□封面设计　优盛文化
□责任印制　唐　曦
□出版发行　中南大学出版社
　　社址：长沙市麓山南路　　邮编：410083
　　发行科电话：0731-88876770　　传真：0731-88710482
□印　　装　石家庄汇展印刷有限公司

□开　　本　710 mm×1000 mm　1/16　□印张 12.5　□字数 216 千字
□版　　次　2023 年 6 月第 1 版　□印次 2023 年 6 月第 1 次印刷
□书　　号　ISBN 978-7-5487-5423-7
□定　　价　78.00 元

前言 Preface

人们生活的世界是一个传播的世界，信息因传播而被关注，世界因传播而被感知。传播和人们如影相随，传播无处不在。特别是人类进入信息时代以来，传播逐渐成为人类生活的中心，构成了人类的生活方式。其实，传播一直伴随着人类，因为人是社会性动物，人的生存离不开群体，人不可避免地要与他人、与外界保持联系。本书所关注的传播，特指人类社会的信息传播，是基于传播学角度所理解的传播。“传播”是传播学最基本、最核心的概念之一。本书论述的重点是融媒体时代大众传播的传播符号，而无论“大众传播”还是“传播符号”都离不开“传播”。在探究大众传播之前，需要明确“传播”的概念，了解传播的构成要素和类别。

在汉语中“传播”一词古已有之，1400 年前的《北史・突厥传》一书中有“宜传播天下，咸使知闻。”这里的传播指广泛散布。在印欧语系的文字中，“传播”是英语 communication 的对译词，起源于拉丁语的 communicaio 和 communis，其含义为 " 共有的 "" 共同的 "" 公共的 " 等。20 世纪 60 年代，传播学在西方成为一门独立的学科。在传播学引介到我国的过程中，“communication”被翻译为中文“传播”，从其本意来说，翻译为“交流”或“沟通”更为贴切，但译为“传播”已经约定俗成也就沿用至今。在传播学中，传播包含“通信、通知、信息、书信；传达、传授、传播；交通、联络”等意思。现代汉语中的“传播”有“传送、传递、散布、传染、使人感知”等多种含义，其中包括自然界的物理传播、生物传播和人类社会的传播。在传播学中，传播是指两个相互独立的系统之间，利用一定的媒介和途径所进行的、有目的的信息传递活动。“传播”是传播学的核心术语，对于传播的定义不同的学者从不同的角度做出了自己的阐述，但是至今也没有一个统一的定义。用一句简单的话概括，传播是指信息在传播者和接收者间流动、变化、共享的过程。对于这个定义，可以这样理解：传播是人类的活动，是信息交流的过程；传播的目的是希望信息发生相应的变化和被共享。

理解了传播的定义，还要知道传播的构成要素。不管哪种类型的传播，其信息传播的过程都离不开以下几个要素：传播者、受传者、讯息、媒介、反馈。这些要素中，有些是两两相关联的，如传播者与受传者、讯息与媒介。传播者与受传者涉及传播双方，讯息与媒介涉及传播内容和传播过程，反馈是传播效果。

传播无处不在，传播包罗万象。为了使人们更好地理解传播知识，通常会把传播进行分类，以便人们更加清晰地掌握传播知识，有针对性地对某一类型的传播进行深入探究。根据传播范围、传播关系、传播规模的大小，可将人类传播活动分为自我传播、人际传播、组织传播、大众传播等类型。从传播媒介的角度分类，传播可以分为亲身传播与大众传播。亲身传播是指传播者亲自参与传播，以语言为主要传播手段，常常辅以动作和表情的传播方式；大众传播是指借助报刊、广播、电视等大众传播媒介进行的传播活动，互联网时代利用互联网进行的各种公共传播活动也属于大众传播。

在传播的不同类别中，大众传播的影响力较大。特别是随着互联网信息技术的发展，传统大众传播不断衰微，传播范围更广的新型大众传播——网络传播、新媒体传播等，具有巨大的社会影响力，特别值得关注和探究。近年来，我国积极推进媒体融合，大众传播呈现出新的态势，融媒体时代大众传播成为热点话题。这是一个具有时代意义的话题，也是一个值得探究的话题。为此，本书把探究的目光聚焦在融媒体时代的大众传播上。

传播离不开符号和媒介。传播是符号解读的过程，在传播关系中，人们总是用“第三只耳朵倾听”。人们运用词语、数字、图表等符号传递信息、思想、感情等。只有人们能够正确解读传播符号，通过符号去理解传播者的意图时，传播才是有效的；如果人们无法正确解读符号，传播者和受传者之间就无法达成共识，甚至会产生误解。可见，符号对传播至关重要。互联网技术和通信技术的发展推动了媒体的融合，大众传播正发生着前所未有的变化，其中可视、可知、可感正是传播符号的变化。符号就像一个个“密码”，帮助人们解读融媒体时代的大众传播；符号就像一个个“切口”，透过符号，人们能以小见大，窥见融媒体时代大众传播背后的意义。目前，学术界对融媒体时代大众传播的研究多是媒体融合的意义、具体举措、媒体转型、媒体平台打造、媒体行业情况、媒体运营等方面，暂时没有人从传播符号的角度去研究。所以，探究“融媒体时代的大众传播符号”这一课题，具有现实意义和创新性。

本书的研究思路是在前言部分阐明传播的概念、传播的构成要素、传播的类型的基础上，分章节阐述“融媒体时代的大众传播符号”这一主题。全书按照“理论知识—探析观点—个案分析”的思路展开。

理论知识部分包括第一、二章。这部分阐述的是传播学中有关大众传播、传播符号的基础理论知识。这些理论是后文有关大众传播符号的探析观点、大众传播个案分析的基础和依据。

探析观点部分包括第三章至第八章。这部分阐述的是笔者对传播符号的探析和观点，围绕“融媒体时代的大众传播符号”展开。第三章分析了融媒体时代大众传播符号的特征，第四章分析了融媒体时代影响传播符号的技术，第五章从 VR 新闻角度解析了虚拟场景传播符号的特征和其对传播效果的影响，第六章从数据新闻角度解析了可视化传播符号，第七章从 H5 新闻角度解析了传播符号的互动性，第八章从 AI 虚拟新闻主播角度解析了智能化传播符号。总起来说，第五章至第八章结合大众传播中具体的新闻作品，从符号的各个角度进行了论述。

个案分析部分包括第九章至第十一章。第九章分析了《经典咏流传》节目中的传播符号，第十章分析了北京冬奥会开幕式的传播符号，第十一章分析了《“字”从遇见你》第一季节目中的传播符号。这一部分结合理论知识和观点，对大众传播的具体案例进行分析解读，探究传播符号背后的意义。所选的三个案例都是近几年来传播效果较好的大众传播案例。

本书研究的理论价值在于丰富和发展了融媒体时代的大众传播符号理论。本书通过分析融媒体时代的大众传播、传播符号、传播符号背后的技术，以及从 VR 新闻看虚拟场景符号、从数据新闻看数据化传播符号、从 H5 新闻看传播符号的互动性、从 AI 虚拟主播看智能化的传播符号，多角度探析融媒体时代的大众传播符号。本书的应用价值在于揭示融媒体时代大众传播符号的意义，推动大众传播节目正确使用传播符号，发挥大众传播符号的作用，构建更丰富的符号意义内涵，讲好融媒体时代的中国故事。

目录 contents

第一章　大众传播概述

第一节　传统大众传播

大众传播是传播的一种类型。人类传播历史上，随着文字、造纸术、古登堡印刷术的发明，第一种大众传播媒介——报纸——产生了，人类自此进入了大众传播时代，大众传播成了一种备受社会瞩目以及具有一定社会影响力的传播类型，至今依然如此。大众传播是一个特殊的社会信息系统，它具备其他类型的传播所不具有的性质和特点。人们通过大众传播获得自身需要的信息及服务，社会的各种利益集团也需要大众传播来维护自己的切身利益。同时，大众传播也是国家及社会实现自己目标的重要手段之一。大众传播与人们的日常生活工作息息相关，对社会有着不可忽视的作用与影响，它正在潜移默化地改变着人们的交流方式与生活方式。

一、大众传播的定义

1945 年 11 月 16 日，在伦敦发表的联合国教科文组织（UNESCO）宪章中这样写道："为用一切'mass communication'手段增进各国之间的相互了解而协同努力。"其中的"mass communication"一词就被翻译为"大众传播"。这是大众传播概念的首次正式亮相。

关于大众传播的定义，不同的学者有自己的表述。英国学者丹尼斯·麦奎尔（Denis McQuail）和瑞典学者斯文·温德尔（Sven Windahl）在《大众传播模式论》中提及美国传播学家杰诺维茨（Janowitz）在1968年提出的一个被西方传播学界广泛认可的定义："大众传播由一些机构和技术构成，专业化群体凭借这些机构和技术，通过技术手段（如报刊、广播、电影等）向为数众多、各不相同而又分布广泛的受众传播符号内容。"[①] 我国传播学者郭庆光教授认为，所谓大众传播就是专业化的媒介组织运用先进的传播技术和产业化手段，以社会上一般大众为对象而进行的大规模的信息生产和传播活动。[②] 胡正荣教授认为，大众传播是一个大规模的信息传送过程。在这个过程中，职业化和组织化的传播者出于各种目的，利用媒介系统广泛、迅速、连续不断地发出讯息，传递给人数众多、成分复杂的受众。[③]

以上关于大众传播的定义虽然表述不同，但是有相似之处，那便是共同揭示了大众传播的一些特点，为人们理解大众传播提供了便利。

二、大众传播的特征

1. 大众传播是公开的社会性传播活动

大众传播的信息以公开为目的，信息是不设置边界的，不区分阶层和人群，以获取更多注意力为目标。

2. 传播主体的职业化和专业化

职业传播者即从事信息生产和传播的专业化媒介组织。职业传播者是伴随着大众传播的兴起而诞生的社会群体，他们的出现是大众传播的一个典型特征。职业传播者包括新闻通讯社、广播电视台、报社、杂志社、出版社、互联网公司、广告机构和公关公司等这些大众媒体中从业的记者、编辑等人员。

3. 大众传播借助媒介技术

大众传播的产生和发展都离不开媒介技术，具体包括机械化、电子化和网络化技术。机械化技术促成了报刊的产生，电子化技术促成了广播和电视的发展，网络化技术促成了互联网传播的快速发展。正是这些技术使得大众传播突破了传统传播在空间上的局限。

① 麦奎尔，温德尔．大众传播模式论[M].祝建华，武伟，译．上海：上海译文出版社，1987：7.

② 郭庆光．传播学教程[M].北京：中国人民大学出版社，1999：111.

③ 胡正荣．传播学概论[M].北京：高等教育出版社，2017：86.

4. 大众传播受众多、杂、散，具有不确定性

“多”是指人数众多。大众传播的对象是社会上的一般大众，数量庞大，人数众多。任何人一旦开始使用传播媒介，就会自动成为受众的一员。大众传播的受众是各国、各地区所有使用传播媒介的人的集合。

“杂”是指受众的差异性大。数量庞大的受众在年龄、性别、受教育程度、职业、收入、宗教信仰、婚姻状况、价值观念、兴趣爱好等方面都表现出明显的差异。

“散”是指大众传播的受众具有分散、无组织的特点。他们大体上互不相识，分散在各个国家、各个地区、各个行业、各个家庭中，在传统大众传播时代，受众之间互相联系的机会较少，处于无组织的状态，也不受任何约束。

由于大众传播的受众多、杂、散，所以大众传播的受众具有不确定性。

三、大众传播的发展历程

卡尔·塞根（Carl Sagan）在《伊甸园之龙》中有句名言：“宇宙很古老，人却很年轻。”他将宇宙的 150 亿年，比作一个只有 365 天的“宇宙年”。人类“诞生”于宇宙年历的最后一天——12 月 31 日。威尔伯·施拉姆（Wilbur Schramm）和威廉·波特（William Porter）模仿“宇宙年”的假设，将人类出现在地球上的历史假定为 100 万年，而后将其比作 1 天的 24 小时，便产生了用来描绘人类传播发展轨迹的时刻表——“传播学时钟”。在“传播学时钟”上，1 小时 =41666 年，1 分钟 =694 年，1 秒钟 =11.6 年，按照这样的换算，人类传播历史的五次飞跃如表 1–1 所示。

表 1–1 人类传播历史的五次飞跃

时间节点	出现的媒介	传播类型
21 ：36（10 万年前）	语言	口语传播
23 ：52（3500 年前）	文字	文字传播
23 ：59（620 年）	印刷术	印刷传播
午夜前 13 秒（1844 年）	电报	电了传播
午夜前 4 秒（1946 年）	电子计算机	网络传播

1450 年，约翰·谷登堡（Johannes Gutenberg）发明的金属活字印刷术，将人类带进了大众传播的时代。大众传播久经酝酿，从印刷传播开始，随着技术的不断进步，成了重要的传播类型。大众传播的重要历史阶段可以用一个时间轴表示，如图 1–1 所示。

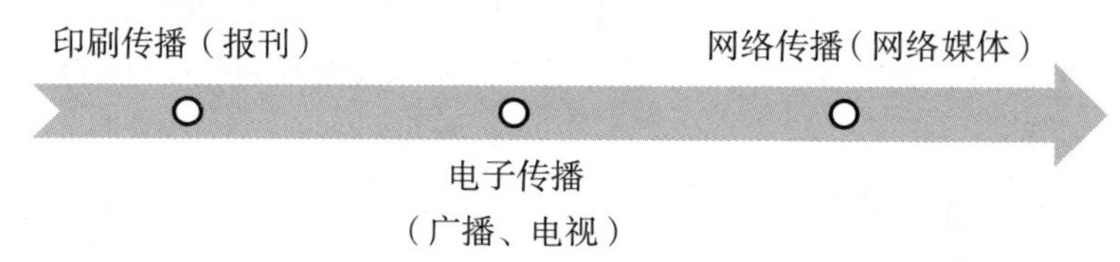

图 1–1　大众传播的历程

1. 印刷传播：大众传播时代的到来

在人类传播历史上，印刷传播时代之前是口语传播时代和文字传播时代。这两个时代的主要传播方式是人际传播、组织传播。

口语传播是人类传播历史的第一个阶段。这一阶段大约从 10 万年前开始，一直到文字的出现，即从人类开口说话到用手写字这一漫长时期。人类有了口头语言之后，就可以更好地传情达意，但信息难以突破时空的限制，于是人类发明了文字。文字能使信息长久地保存下来，也能把信息传播到遥远的地方。文字传播弥补了口头语言受时空限制的缺点，具有规范、便携、能够长期保存的优点，所承载的信息也由简单变得复杂、繁多。文字出现后，人类经历了很长一段时间的手抄传播时代。书写的媒介一直在不断改进，最原始的人工制作的书写媒介如泥版、羊皮、简牍、帛书、纸张等，以及书写工具如笔、墨、砚、刀等，经历了由重到轻、由粗到细、由硬到软的演变。但是，手抄文字的局限性仍然很大，它无法使信息迅速传播，且传播范围狭窄，信息量有限，成本高昂。在这种情况下，文字信息的生产规模很小，文字传播基本上是政府、贵族阶层的特权。

直到印刷传播时代开启，大众传播时代才真正到来。印刷传播时代的到来离不开造纸术和印刷术的发明。105 年，蔡伦用树皮、麻、渔网等混合造纸，这是当时先进的造纸方法。中国的造纸术在 8 世纪传入阿拉伯，12 世纪传入欧洲，14 世纪欧洲各国才普遍用纸。450 年，我国发明了雕版印刷。宋庆历年间（1041—1048 年）毕昇发明了活字印刷术。1450 年，德国的约翰·谷登堡在活字印刷的基础上利用黄铜做铅字铸模，他用合金做材料，制成了非常耐用的铅

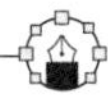

字，这是活字印刷的一次重大革新。他还把造酒用的压榨机改装成印刷机，这样就使文字信息的机械化生产和大量复制成为可能，这标志着人类规模印刷时代的开始。从16世纪开始，印刷机的速度大幅度提高，印刷效率显著提升，因此印出了成千上万册书籍。印刷媒介的变革给社会政治、文化和教育领域带来了巨大影响。

在资本主义萌芽时期的欧洲，报纸开始出现。16—17世纪，西欧出现了新闻小册子和印刷报纸。1609年，德国的《报纸与新闻报》是世界上现存最早的印刷报纸。之后，德国的《法兰克福新闻》、英国的《肯特以外的新闻》、荷兰的《新消息》等报纸相继诞生。这一时期报纸的消费者，主要是上层人士、商人、政治活动家和其他市民阶级。现代意义上的报纸起源于19世纪30年代的"便士报"，之后陆续出现了美国纽约的《太阳报》、法国巴黎的《新闻报》等一批"便士报"。正如《太阳报》创办者本杰明·戴（Benjamin Day）在创刊号上宣称的："本报的目的是办一份人人都能买得起的报纸，为公众报道当天的新闻，同时提供有利的广告媒介。""便士报"商业色彩突出，追求利润，且降低了成本，因而价格便宜，广大普通市民都能够买得起。"便士报"的问世，标志着报纸真正走向了普通大众，也意味着报纸成了一种商品，一种具有价值的东西。

大众传播时代的到来意味着人类的传播能力有了空前的提高，人类对传播的需求也不断增长。报纸的发展，使其成为人们工作生活中重要的必需品，成为人们重要的精神生活消费品。在很多好莱坞的老电影中，可以看到这样的桥段：男主或女主早上起来，坐在餐桌边，边看报纸边吃早餐，这就是当时生活的真实写照。印刷传播阶段，大众传播的主要媒介就是报纸。

2. 电子传播：大众传播的光影声色时代

进入19世纪中后期，人类在电子传播技术上的突破，带来了又一次信息革命，也使大众传播进入了光影声色时代。

电子传播分为有线传播和无线传播。1844年，美国人莫尔斯（Morse）发明了有线电报。电报发明后，各国纷纷将它应用到新闻传播中，开始建立现代新闻通讯社，为日报社采集新闻提供便利。1876年，美国人亚历山大·贝尔（Alexander Bell）发明了电话，从此人类开始利用电话传递声音。1895年，意大利人马可尼（Marconi）完成了无线电实验。马可尼于1901年实现了横跨大西洋两岸的远距离无线电信号传递。无线电信号传递技术的推广为广播的诞生创造了条件。真正的广播诞生于20世纪20年代，世界上第一座领有执照的电台——美国匹兹堡KDKA电台，于1920年11月2日正式开播。这一历史时期，广播站如雨后春笋在各国相继涌现。当时，在欧洲，广播已被视为一个庞大的通信工具。之后，全世界的广播事业不断发展，现已逐步形成全球性的广播网。2011年，移动广播进入大众视野。

广播使用的是有声语言，适合一切听力正常的人。广播让受众摆脱了识字水平、读解能力的制约。广播的受众遍布地球上的每个角落，正如施拉姆所言："地球上每一块有人居住的地方，上空的电波中都充满了无线电讯号。"[①]广播范围广阔无垠，无远弗届，无处不在。广播几乎不受时间和空间限制，传播速度快，传播信息迅速及时，有时与事件的发生几乎同步。广播可以真实地记录、复制和控制人类的声音。声音的魅力在于它不仅传播了信息，还在这些信息中融入了传播者的认识，从而对人们理解、接收信息提供帮助，加以引导。声音传播可以做到声情并茂、亲切感人，带着温度，直抵人们的心灵，引起受传者的共鸣。广播的受众，不受年龄大小、文化程度高低的限制。广播还有可移动性和便携性的特点。人们可以随时随地从广播中了解最新信息。

广播的劣势是保留性差，传播内容稍纵即逝，导致信息的存储性差，难以查询和记录；选择性差，线性的传播方式，即广播内容按时间顺序依次排列，使得听众受节目顺序限制，只能被动接受既定的内容；广播只有声音，没有文字和图像，听众对广播信息的注意力容易分散，也容易受到环境声音的干扰。

20世纪30年代，电视图像扫描技术的发明和应用，实现了电视图像和声音同时播放。其后，经过许多科学家的努力，电视摄像及接收技术逐步完善，为图像清晰的电视媒介的出现创造了技术条件。1936年，英国广播公司（BBC）采用贝尔德机电式电视广播，第一次播出了具有较高清晰度、步入实用阶段的电视图像，并建立了世界上第一座电视台，开始正式播送节目。

电视利用画面和声音传送信息，它具备的优势是视听结合，传达效果好，运用形象和声音表达思想，比报纸只靠文字符号和广播只靠声音来表达要直观、生动得多；纪实性强、有现场感，能让观众直接看到事物的情境，能使观

① 施拉姆．传播学概论[M]．陈亮，译．北京：新华出版社，1984：17.

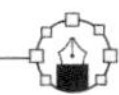

众产生亲临其境的现场感和参与感；传播速度快，电视用电波传送信号，向四面八方发射，把信号直接送到观众家里，收视观众多，影响面大；功能多、娱乐性强，由于电视直接用图像和声音来传播信息，观众完全不受文化程度的限制，适应面广泛。电视的劣势在于传播效果稍纵即逝，信息的存储性差，记录难以查询；电视受时间顺序的限制，加上受场地、设备条件的限制，导致信息的传送和接收都不如报刊、广播那样具有灵活性；电视的制作、传送、接收和保存的成本较高。

1957 年，苏联成功发射了第一颗人造地球卫星，标志着人类开始进入卫星传播时代。1962 年，美国发射了“电星 1 号”卫星。20 世纪 70 年代后期，有线电视迅速普及。自从电视诞生后，在半个世纪的时间内，电视已经成为时代影响最大、受众最多的传播媒体，是人们生活中不可或缺的东西，影响着人们接收信息、娱乐、学习和消磨时间的方式，这种现象一直持续到 20 世纪 90 年代互联网时代到来之前。

总之，在电子传播时代，大众传播实现了声音和图像的传播，进入传播信息的光影声色时代，大众传播空前繁荣，社会影响巨大，其主要媒介是广播与电视。

3. 网络传播：大众传播的全球化和巨变时代

20 世纪 60 年代，互联网在美国诞生。进入 20 世纪 90 年代中期，互联网的规模急速扩张，成为全球最大、最流行的计算机信息网络。网络传播是一种以多媒体为终端，以光纤为通道，将所有的个人和组织都联结在一起并能与“个人化”受众进行互动沟通的信息交流形式。

1946 年，世界上第一台计算机埃尼阿克（ENIAC）在美国研制成功，其主要用途是进行导弹弹道计算。1957 年，受到苏联发射人类第一颗人造地球卫星的刺激，美国国防部组建了高级研究计划局（DARPA），开始将科学技术应用于军事领域，它的成果就是今天互联网的雏形——阿帕网。20 世纪 90 年代初，欧洲科学家提出了万维网（WWW）的设想，使得网络中的信息，不仅有数字和文本，还有图片和声音等多种形式，都可以进行传播，而且网络的使用变得十分简单，普通人都可以使用，网上的信息还可以互相链接。

进入 21 世纪，互联网的发展更加迅速，Web 2.0 的概念随之诞生。它让网民能够更多地参与信息产品的创造、传播和分享，互联网传播的内容因此不断丰富。互联网用户通过博客、社区交友网站（如微博、人人网）、社交电子应用（如 QQ、微信）、信息分享网站、视频分享网站（如 Youtube）等渠道分享信息。Web 3.0 出现后，网站内的信息可以直接和其他网站相关信息进行交互，能通过第三方信息平台同时对多家网站的信息进行整合使用；用户在互联网上拥有自己的数据，并能在不同网站上使用；完全基于 Web，用浏览器即可实现复杂系统程序才能实现的系统功能。Web 3.0 使所有网上公民不再受现有资源积累的限制，使其拥有了更加平等地获得财富和声誉的机会。自媒体、社交媒体等网络平台成为人们交流的重要传播工具。

互联网一经问世就备受青睐并迅速普及。互联网是互动媒介，具有高度的综合性、方便性和快捷性，以及充分的交互性。它集声音、图画、文字、影像等各种符号于一体，又融半导体技术、电子技术、视频技术、通信技术、软件技术等各种先进技术于一身，互联网正日益成为信息传播的主力军，并成为世界高科技竞争的焦点。

互联网史无前例地将整个世界连接成一个“地球村”。网络传播时代带来了大众传播的全球化，也给人类社会带来了巨大的改变和影响，互联网迅速渗透各国的政治、经济、文化、社会活动等方面，推动着人类社会进入信息化时代、媒介化生存时代。

四、大众传播的功能

当今时代，大众传播已经成为一种重要的传播方式。人们每天被海量的大众传播信息包围，人们习惯于通过大众媒体去认识世界。那么，大众传播到底有什么社会功能呢？

很多的传播学者都对大众传播的功能做出了经典的论述。1948 年，美国的哈罗德·拉斯韦尔（Harold Lasswell）在《传播在社会中的结构与功能》中指出，大众传播最明显的功能包括环境监测功能、社会协调功能和社会遗产传承功能；美国学者赖特（Wright）在《大众传播：功能的探讨》中从社会学角度提出了传播的“四功能说”，即环境监测功能、解释与规定功能、社会化功能和娱乐功能；学者拉扎斯菲尔德（Lazarsfeld）和默顿（Merton），则强调传播的三种隐性功能，即地位授予功能和社会规范功能，以及负面的麻醉精神功能。

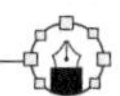

综合不同学者对传播功能的论述，笔者认为，大众传播的主要功能包括以下几个方面。

1. 信息传播功能

信息传播是大众传播中最基本、最首要的功能之一。大众媒体每天通过报纸、电视、网络等途径，不间断地向受众传播大量信息，满足受众的不同需求，成为受众了解世界、感触世界的一种必要方式。社会生活内容有多丰富，信息的内容就有多丰富。当今社会进入信息化时代，人们每天被海量信息包围，这些信息大多数是大众媒体所传播的。

2. 营造拟态环境，引导舆论功能

美国传播学者李普曼（Lippmann）在他的《舆论》一书中，提出了“拟态环境”概念。他认为，世界日趋纷繁芜杂，超出了人们所能直接感受的范围，对大多数人而言，他们实际上生活在一个“拟态环境”中。所谓“拟态环境”指的是大众媒体创造出来的，来源于真实环境却又与其不尽一致的一个媒介环境，是一种媒介感知，但常常被社会公众当作真实世界来接受。

从传播学的角度看，人们透过大众传播看到的信息是经过层层把关的，信息生产出来的过程中经过记者、编辑、主编、组织、政府等层层把关。传播者为了达到一定的传播目的或效果，筛选、过滤了很多信息，即使传播者力求客观、真实地反映世界，也难以避免偏差。现代社会中，人们已经逐渐习惯并依赖于媒介营造的世界，人们通过媒介的选择来了解客观事物的变动。

这一功能常常为国家所用，目的在于使民众形成较为一致的认知。例如，战争时期的国家宣传，多选择正面的、有助于激励士气的信息。

3. 环境监测功能

人类社会及自然环境是不断变化的，而大众传播正是在不断的变化中为人们及时监测、掌握、预警身边环境的变化，并使人们能果断地做出相应反应，所以有人将此功能形象地比喻成“瞭望塔”。大众传播的环境监测功能保证了人类社会的持久生存及发展。一方面，它及时传播了跟人们息息相关的生活讯息、自然灾害、战争威胁、社会突发事件等，让人们了解、知晓并及时做出相应措施。例如，中国南方的沿海省份，每年夏秋季节都会发生台风，电视台对台风路径和级别等进行持续跟踪报道，向人们发出台风预警信号，相关的各地方政府部门与百姓则会密切关注台风信息，做好相应的预防措施。另一方面，大众传播的监测功能还体现在公开与曝光一些违背社会道德、违法乱纪、有损人们正常生活的行为与事件等，以此发挥社会监督的功能。例如，一些地方电视台公布闯红灯、乱加塞、乱停车等现象，以此监督市民自觉遵守交通规则。

4. 社会协调功能

拉斯韦尔将社会协调功能称为“社会联系与协调功能”，他在《传播在社会中的结构与功能》中表示，大众传播在执行沟通、协调、统一社会关系方面发挥着重要作用。大众传播对新闻的选择和评价，甚至加以解释或提出相应的解决方案，能更好地发挥新闻的社会协调功能，有助于社会和个人对信息的摄取和利用，也可以防止受众因为信息过多而无所适从。

在日常生活工作中，社会协调功能将人们的注意力吸引到最有价值的社会新闻上，在统治者与民众之间起到了桥梁纽带的作用。同时，也要防止因报道某些事件和敏感问题而造成的过度刺激，将公众的注意力集中到某些事件上去。例如，针对一些突发性事件，政府相关部门可以通过大众传播这一功能进行解释与沟通，让公众信任政府并与政府一起共渡难关。

5. 文化传承功能

人类优秀传统和文化遗产的保留与传承，需要代代相传。作为文化传播的载体，除了早期的家庭教育、学校教育、社会教育以外，大众传播也发挥了十分重要的作用。公众可以通过杂志、广播、电视等大众传播媒体来掌握最新的文化资讯。大众传播的文化传承功能在促进和谐社会的构建、良好社会风气的形成等方面具有重要的辅助意义。

6. 提供娱乐功能

提供娱乐功能是大众传播的一项重要功能。随着生活水平的提高，人们对于精神娱乐的需求也逐渐增加，大众接受娱乐信息，一方面可以放松身心，另一方面有助于提升自我艺术审美能力，促进社会良好风尚的形成。同时，通过各种娱乐节目，统治阶层的意志和信念得到了充分的体现。对文化体系来说，大众传播促进了“大众文化”的形成，也在一定程度上削弱了高雅或精英文化。

第二节　融媒体时代的大众传播

一、融媒体的概念及相关政策

1. 融媒体的概念

融媒体（convergence media）是媒介发展史上新出现的一个理论概念。融媒体就是“媒体融合”，这一概念最早由美国学者伊契尔·索勒·普尔（Ithiel De Sola Pool）提出，主要指通过科学技术，使一些媒介与其他不同类型的媒介相互融合后再进行传播的方式。融媒体就是多元性融合媒体，其定义为充分利用媒介载体，把广播、电视、报纸等既有共同点又存在互补性的不同媒体，在人力、内容、宣传等方面进行全面整合，实现“资源通融、内容兼融、宣传互融、利益共融”的新型媒体宣传理念。这里强调的是融媒体是一种新型理念。

融媒体还指普通媒体通过互联网技术，在形态、特性、传播形式、功能等方面相互融合，从而产出新媒介。例如，融媒体时代，在传统的印刷报纸的基础上，产生了手机报纸、数字报纸等多种产品形态；在广播电视的基础上产生网络电视（IPTV）、手机电视等更丰富的产品形态。此外，媒体终端的多样化也带来了传播网络的分化，如手机媒体、电子阅读器、网络电视、数字电视等分别依赖不同的传输网络的终端形式。从媒体形态上看，融媒体包括报刊、无线广播、有线电视、网络电视、网络视频、智能手机视频客户端等深度融合的成果；从信息生产与传播层面上看，融媒体包括“采、写、编、评、印、播、互动、反馈”这些信息生产、传输、反馈系统深度融合的内容。

2. 融媒体相关的国家政策

2014 年 8 月，中央通过《关于推动传统媒体和新兴媒体融合发展的指导意见》指出，要推动传统媒体和新兴媒体融合发展，要遵循新闻传播规律和新兴媒体发展规律，强化互联网思维，坚持传统媒体和新兴媒体优势互补、一体发展，坚持以先进技术为支撑、以内容建设为根本，推动传统媒体和新兴媒体在内容、渠道、平台、经营、管理等方面深度融合。这标志着“媒体融合”上升为国家战略。

2015 年 3 月，两会期间，李克强在政府工作报告中提出制定“互联网 +”发展战略，从顶层设计层面敦促传统媒体充分融入互联网时代的浪潮之中。

2016 年 7 月，国家新闻出版广电总局（今国家广播电视总局）发布《关于进一步加快广播电视媒体与新兴媒体融合发展的意见》，提出力争两年内，实现广播电视媒体与新兴媒体融合发展在局部区域取得突破性进展，形成几种基本模式的总体目标。

2017 年 1 月，中共中央办公厅、国务院办公厅印发了《关于促进移动互联网健康有序发展的意见》，其中指出，要大力推动传统媒体与移动新媒体深度融合发展。

2018 年 8 月，全国宣传思想工作会议上习近平明确提出，要扎实抓好县级融媒体中心建设，更好引导群众、服务群众。

2018 年 9 月，中央宣传部要求 2020 年底基本实现县级融媒体中心在全国的全覆盖。

2018 年 11 月，中央全面深化改革委员会发布《关于加强县级融媒体中心建设的意见》，表明要深化机构、人事、财政、薪酬等方面改革，调整优化媒体布局，推进融合发展，不断提高县级媒体传播力、引导力、影响力。要坚持管建同步、管建并举，坚持正确政治方向、舆论导向、价值取向，坚守社会责任，把社会效益放在首位。

2018 年 12 月，国务院办公厅发布《关于推进政务新媒体健康有序发展的意见》，要求推进政务新媒体与政府网站等融合发展。

2019 年 1 月，中央宣传部、国家广播电视总局发布《县级融媒体中心建设规范》，要求县级融媒体“对接政府部门技术平台”。

2019 年 1 月，国家广播电视总局发布《县级融媒体中心省级技术平台规范要求》，规定了对县级融媒体中心提供业务和技术支撑的省级技术平台规范要求，适用于支撑县级融媒体中心的省级技术平台的设计、建设和运行维护。

2019 年 2 月，媒体深度融合工作推进会在北京召开，中央宣传部部长黄坤明明确要做大做强主流舆论，更强调了要加快中央媒体融合的发展步伐，着力构建从中央到省市县的全媒体传播矩阵。

2019 年 4 月，国务院办公厅发布《政府网站与政务新媒体检查指标》《政

府网站与政务新媒体监管工作年度考核指标》，鼓励县级政府门户网站的公开、办事、互动等功能与县级融媒体平台对接。

2019 年 8 月，科技部、中央宣传部、国家互联网信息办公室、财政部、文化和旅游部、国家广播电视总局 6 部门发布《关于促进文化和科技深度融合的指导意见》，表明要加快建设广电 5G 网络，打造集融合媒体传播、智慧广电承载、智能万物互联、移动通信运营、国家公共服务、绿色安全监管于一体的新型国家信息化基础网络。按照全国有线电视网络整合发展领导小组部署，加快实现全国“一张网”，推进与广电 5G 网络建设一体化。

2019 年 12 月，国家互联网信息办公室发布《网络信息内容生态治理规定》，网络舆情监测平台建设横向上有望向不同政府部门延伸，纵向上有望进一步向县市渗透。

2020 年 6 月，中央全面深化改革委员会审议通过了《关于加快推进媒体深度融合发展的指导意见》。

2020 年 11 月，新华网受权发布《中共中央关于制定国民经济和社会发展第十四个五年规划和二〇三五年远景目标的建议》，其中对媒体深度融合、全媒体传播、县级融媒体中心建设做出了重要部署。

从以上的国家政策可知，从 2014 年以来，国家一直致力于推动媒体融合。从国家到省、市级的广播电视集团，都成立了“融媒体中心”或“全媒体中心”。如果说计算机网络技术和通信技术的发展，使媒体融合成为可能，那么媒体理念的更新、国家政策的鼓励，则推动了融媒体的落地生根，如今的时代正迈进融媒体时代。

二、融媒体时代的大众传播

计算机技术和通信技术的快速发展，加上国家融媒体政策的积极鼓励，使得媒体行业走向融合成了必然趋势。媒体融合使大众传播发生了很大变化。与传统大众传播相比，融媒体时代的大众传播在媒体形态、传播方式、传播符号、传播者角色、传播的反馈以及传播效果上都发生了很大改变。

1. 传统大众媒体被“一网打尽”

融媒体时代最大的特色就是媒体边界的消融，传统大众传播媒体被“一网打尽”。传统媒体时代，报纸、杂志、广播、电视，这些传统大众媒体是各自独立的，各有各的传播平台。与它们相对应的媒介组织包括报社、杂志社、广播电台、电视台等也是彼此独立运营发展的。而融媒体时代，媒体面临着更大的压力和挑战。在“互联网＋媒体”的形势下，媒体为了自身的发展，不再单纯地坚持原有的媒体形态，而是积极地向网络媒体发展，媒体的边界逐渐消融，最终实现媒体的融合。

报纸作为最主要的传统大众媒体类型之一，在很长一段时间内都是人们获取新闻资讯的重要方式。互联网的发展，给传统报纸带来了巨大冲击。报纸被大众冷落，报纸的生存空间变得越来越小。近年来很多报纸的印刷量连续出现下滑，导致很多知名报刊停止发行，例如《生活周刊》《法制晚报》都停止发行纸质版报纸。

融媒体大环境下，报纸处境艰难，但报纸并没有消失，而是积极迎接时代的挑战，努力寻求转型之路，向网络媒体方向发展，以报纸网站、报纸新闻客户端的方式存在。与纸质版报纸相比，网络报纸有很大的优势，电子版的报纸容量很大，时效性、互动性强。1995 年，《中国贸易报》开创了中国内地报纸上网的先河。2004 年，《中国妇女报》推出了第一份手机报。随后，很多报纸纷纷转移阵地，发展网络报或电子报。《美国新闻评论》杂志网站公布的数据表明，全世界的网络报纸在 1998 年底就达到了 4925 家。如今，网络报纸的发展更是突飞猛进，几乎所有时事新闻已经不再采用纸质版报纸报道，而是直接在网上发布。例如，《人民日报》电子版、《光明日报》的网络版、《中国日报》网站、《经济日报》新闻客户端等。此外，很多传统报纸还建立起报纸、网站、新闻客户端、微信、微博全媒体媒介形式，全面覆盖。

融媒体时代，传统广播的发展也面临着越来越多的挑战，新媒介的出现给传统广播带来了不小的压力。具有快速、便捷、方便特性的网络，成了当今时代最流行的媒体。随着腾讯视频、快手、微博、抖音、今日头条等新媒体 App 的不断涌现，传统广播媒体的市场份额越来越少，受众欢迎度显著下降。面对困境，传统广播电台纷纷运用新技术，试图借助互联网和移动网络等新技术实现转型升级。广播转型的具体措施包括发展网络广播、移动广播，打造数字广播平台等。网络广播有直播和点播两种主要播放形式。直播主要应用于重大活动的即时报道，相当于电台或电视台实际播出节目的网上传输形式，其优点是时效性强，生动实际，且用户可在第一时间获取信息。点播是将节目根据内容

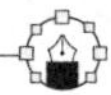

做成一个个片段，可根据标题或分类选择喜爱的片段来收听收看。这种播放形式具有节约资源的优点，而且选择性和针对性也更强。

2011 年，蜻蜓 FM 创建，移动广播进入大众视野。有关调查表明，2020 年中国在线音频用户规模已达到 5.7 亿人，2022 年有望接近 7 亿人，其中喜马拉雅的用户最多。《2020 年中国广播收听市场盘点》显示，人们对移动互联网的依赖性逐渐增强，手机成为大众收听广播的首要渠道。2020 年春节期间，车载广播收听量与 2019 年同期相比下降 48.4%，但移动互联网云听平台的点击量则上升了 26.2%。在移动广播市场，喜马拉雅与荔枝 FM、蜻蜓 FM 形成了三足鼎立的局面。在打造广播平台方面，中央广播电视总台建设了“云听”平台。“云听”打造了“云听开讲”“云听声工厂”“云听好书节”“云听毕业季”等独家 IP，已开辟近 200 个垂直细分频道，累计入库节目 300 万小时，自制 A 级以上 IP 节目 100 余档。可以说，传统广播向互联网、移动互联网方向的转型，使广播突破了地域限制、线性传播限制和渠道限制。广播采取多平台战略，从 AM/FM 拓展到网站、App 等平台，聚合平台音频服务商，提供不受时间、地点限制的个性化音频服务，实现了广播媒体的转型。

融媒体时代传统电视媒体的转型之路同样也与网络融合密切相关。以网络为核心的新数字媒体发展迅速，对传统电视媒体的威胁越来越大。为了电视自身生存发展的需要，“台网融合”成为必然趋势，电视网络化和网络电视化形态共存。首先，电视台纷纷建立自己的网站，把制作的电视节目放到网站上。例如，1996 年，中央电视台（简称 CCTV）创建了央视国际，凤凰卫视成立了凤凰网；2004 年，北京电视台成立了北京网，湖南卫视成立了芒果 TV，浙江广播电视集团成立了新蓝网等。各电视机构的网络平台逐渐搭建，其联动发展的方式为在搭建初期，网站主要是转发电视台的新闻，而后发展到电视台节目的网上直播。例如，两会报道期间，中央电视台等主流电视媒体，通过与旗下的门户网站进行多维立体互动，发挥了传统媒体无法替代的作用。其次，电视台与外部网站联盟。随着 Web 3.0 时代的到来，互联网的视频化成为不可阻挡的潮流。从重点新闻网站、综合门户网站到各类垂直门户网站，几乎没有一个网站没有视频内容。例如，在新闻报道中增加短视频内容，在重点专题报道中增加视频集锦，在社交网络中添加视频链接等。网站为了获得高质量的视频资源，需要和电视台合作。因为长久以来传统电视的内容制作具有其不可代替的优势，电视节目如新闻、电视剧等制作水平较高，节目制作审核严格，节目内容质量高。最后，家庭电视互联网化。家庭电视互联网化意味着作为家庭客厅娱乐中心地位的电视机正在从普通化向网络化、从联网化向智能化转变。互联网电视机的兴起，使电视机终端不仅是电视频道，而是一个多元化的服务终端。它的根本性变化在于，将电视机从以内容为中心的专业服务拓展到以流量为中心的服务。电视数字化是一项国家战略，电视数字化所衍生的视频点播、直播时移、录制、电视支付、信息服务等功能，都是融媒体时代大众电视消费的趋势。

总之，融媒体时代，传统大众媒体被互联网“一网打尽”，借助无处不在的网络，传统大众媒体实现了转型和媒体融合。

2. 融媒体改变了大众传播方式

在融媒体时代，传统大众传播互动性差的弱点得以弥补。大众传播不再是“主导受众型”，而是转为“受众主导型”。就新闻报道而言，灌输式、程式化的报道模式没有了市场。人们更喜欢个性化的表达方式，平等角度的自然交流，即使是在一些国家级重大活动的报道中，也能见到个性化的表达。在媒体融合背景下，几乎每家专业媒体都进驻了如搜狐新闻、今日头条等新媒体平台，让其传播的信息接受广大受众的选择和评估。新媒体平台的用户可在平台上发表看法，与专业媒体人互动。专业化媒介组织也通过建立 QQ 群、微信群等与读者快速互动，并组织各类线上和线下活动，实现了专业化媒介组织与读者的和谐互动。大众传播互动性的增强，更好地适应了融媒体的传播环境，满足了受众的需求。

就广播而言，移动互联网与商业音频聚合平台吸纳了空前庞大的“草根群体”参与音频节目的创作。普通公众也可以把自制的广播剧、音乐、读书类节目上传平台分享。例如，上海广播电视台成立阿基米（上海）传媒有限公司，创建了一套网络播出系统，整合全国几千家音频媒体和自媒体。在这里可以随时随地收听喜欢的节目，并且可以回听、留言互动，用户甚至可以自己进行广播直播，同时集合了点赞、打赏等符合时下年轻人喜欢的互动方式。

就电视而言，传统电视以单向模式为观众传播信息。随着新媒体的影响不断加大，单向模式已经无法满足观众的需求，电视逐渐转向多主体、多受众、双向选择的直播模式。传统电视如何让观众参与互动一直是难题所在。观众来信、电话热线、短信等方式的互动反应速度慢，互动话题的延续性差，造成整体互动效果差。融媒体时代，电视互动的方式更加多样。电视台可以利用媒体网站、新媒体平台——如微博和微信——来打造自身的节目内容，在信息公开的网络平台上推广和宣传电视节目，与观众积极互动，实时掌握观众的需求和评价反馈，建立全媒体发展模式。这样既能加强电视与观众的联系，又能利用新媒体平台为用户提供丰富的信息资源与个性化的服务。网络电视直播、“手机 + 网络”的直播模式让受众第一时间参与节目互动成为可能，观众可以通过弹幕、留言第一时间参与节目互动。网络电视最显著的特征之一就是互动性，它改善了电视的“线性”传播方式，相对于传统电视的“推送节目”，网络电视具有较强的“选择节目”特性，用户自主权得到极大提升。网络电视具有很强的搜索功能，可以直接为用户提供内容索引，帮助用户找到自己喜欢的节目，制定用户自己的节目单。网络电视还可以进行一对一、一对多、多对多的传播，这样节目可以按照要求让不同的用户使用，并且只有属于该地址的用户才能接收到节目，实现个性化的传播。目前，有的电视台开始尝试以线下反哺线上，利用网络电视点播等交互功能，让线下运营为线上大屏提供丰富的媒资内容，并为同圈层用户提供身边的、感兴趣的视频内容，实现平台的拉新、留存、促活。

总之，网络和新媒体介入电视节目与观众的互动，使节目更加生动活泼、丰富多彩。观众的参与、反馈成了节目的组成部分，使节目的面孔不再刻板。例如，东方卫视主办的《创智赢家》等真人秀节目，引入了观众投票环节，随着短信数不断增加，节目现场的支持曲线图不断变化，使节目更有悬念感。互动传播模式也使观众不再处于被动接受的地位，观众可以随时随地参与节目、评论和与节目相关的内容，这大幅提升了观众收看电视节目的主动性，激发起观众的参与热情，满足了受众追求新奇、渴望参与的需求，同时也为节目注入了更多的活力。

3. 融媒体大众传播者角色发生变化

传播者是传播的构成要素之一。受传者与传播者的角色并不是固定不变的，在一般传播过程中，这两者能够发生角色的转换或交替。一个人在发出信息时是传播者，而在接收信息时则又在扮演受传者的角色。大众媒体的传播者随着社会发展而转换着角色。

1999 年 5 月，北约突然轰炸我国驻南斯拉夫联盟共和国大使馆（驻南联盟大使馆），《人民日报》网络版在第二天就开设了“强烈抗议北约暴行BBS论坛”，中国网民积极参与，表达自己的情绪。这是中国历史上第一次有影响力的网民意见传播活动，传播者也从少数专业媒体工作者向全民化转变。① 融媒体环境下，人人都可能是记者，传播者和受众之间的界线已经逐渐模糊，每个受众都有成为传播者的可能。《中国互联网络发展状况统计报告》显示，截至2022年6月，中国网民数量达到10.51亿人。数量庞大的网民每个人都可能成为传播者。下文将着重分析传统媒体中的职业传播者，特别是记者、主持人、新闻主播的角色转变。

融媒体环境下，记者面临着角色的转变。媒体的融合并不是简单的资源再整合，而是需要彻底转变新闻业务的流程。在传统新闻采编系统当中，通常选取单一媒体作为核心内容，但在融媒体环境下，需要以信息技术为基础，构建整合平台，信息发布方面也呈现出碎片化的特点，信息覆盖更为立体化。在新闻事件发生以后，人们能够借助用户自行发布的内容，对事件的相关信息有更为准确的了解。这给记者提出了新的挑战，记者需要从海量的信息中厘清自己的思路，从中寻找新颖点，采用独特的视角报道新闻，为社会公众创造更具价值的新闻内容。搜寻信息的难度大大增加，报道内容需要深度挖掘，这些都考验着记者的业务能力。融媒体时代，新闻传播的新格局已经逐渐形成，记者想要获得更好的发展，必须正确认识新闻传播模式下的新特点，实现新闻的多渠道、快速化传播，不断优化内容，创新表达方式，做到扬长避短。借助新媒体增强自身的说服力，保持高度的新闻敏感性。记者需要用自身的专业能力履行深度报道的使命，有效整合各类信息，采用多个角度与观点客观地呈现信息。记者在推动自身角色转变的过程中，必须抓住信息化发展的机遇，主动拥抱媒体融合，推动媒体深度融合，从而更好地把握舆论的主导权，增强自身的影响力与公信力。记者只有不断进步，才能把握新时代的发展机遇，掌握主动权，谋求更好的发展。②

融媒体环境下，主播、主持人群体原有的话语权及其符号意义被消解。主播、主持人面临着很大的挑战，地位也在不断发生变化，传统的“我说你听”

① 陈慧．新媒体时代媒体传播者的角色变化[J]．新闻世界，2015（6）：113-114.

② 杜茂昌．融媒体背景下记者角色的转变之路[J]．新闻研究导刊，2021，12（14）：185-187.

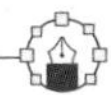

的主导地位已不复存在。如《中国好声音》《奔跑吧兄弟》《我是歌手》等真人秀节目就纷纷“去主持人化”，主持人只在其中偶尔串场。信息的传播效率提高，受众的自主意识越来越强，他们获取信息的途径也就变得多样化、立体化。从此，信息不再成为某一种媒体的独享资源，主持人也逐渐失去“把关人”的身份，只有富有个性化的优质内容才能够成为吸引受众的关键。[①]

传统媒体时代，主播、主持人传播的重点是借助语言表达来进行内容的传播。由于传统习惯，大多数主持人的主持风格往往陷入一种定势，千篇一律，缺乏创新。融媒体时代，受众的分众化和差异化日趋明显，这对节目主持人提出了更高的要求。频道、平台、渠道的转移，使传统主持人全明星时代结束，在固定频道、固定节目出现的主持人，受关注度大大降低。爱奇艺、优酷、腾讯视频、抖音、快手、斗鱼等很多音视频平台受到热捧，自媒体也层出不穷，普通人中出现了一批批很接地气的网络主播，包括谈话主播、音乐主播、舞蹈主播、游戏主播等，覆盖范围极广，有效满足了受众的多元化需求。对于新闻传播职业的主播、主持人来说，单纯依靠传统媒体自身的权威性及影响力，已经不能很好地提升他们的知名度和影响力。转型创新是主播、主持人突破重围的唯一出路。

主播、主持人实现角色转换，首先需要更新理念，要具有全新用户思维、互联网思维，要认识到不能只做任务单一的“播报员”，而应该像导演和策划人一样，以不同的表现方式去完成不同的媒介角色。同时，主持人要时刻关注受众的反馈，不断调整自身，有针对性地满足受众的需要，将受众当作用户来“经营”，根据受众生成节目内容，充分运用新媒体等手段带给受众良好的用户体验。主持人应与时俱进，学习互联网知识，进军网络阵地，以用户体验为核心，转换传播手段，用互联网思维改造升级自身的内容组织与语言传播方式，为受众提供更加优质和贴心的内容。[②]

主持人在角色的转变中，要积极寻找自己的定位，展示独特的个性，打造个性化标签，产生个人的影响力，反过来给工作的单位带来流量。例如，央视主持人朱广权在新闻播报中爱用押韵的语句，因此被称为“押韵狂魔”，成为

① 王丽，鲁颖．融媒体时代主持人转型策略 [J]. 决策与信息，2018（9）：71-76.

② 王丽，鲁颖．融媒体时代主持人转型策略 [J]. 决策与信息，2018（9）：71-76.

央视最火的段子手。2017年春运，他被网友问到央视的主持人是否放假，他直接来了一句："地球不爆炸，我们不放假！"在他的带动下，整个央视的主持风格也悄然发生改变，新闻节目因此成了年轻人的新宠。这个例子提醒着传统大众主持人需要尽快熟悉网络平台，利用平台开设自己的账号，传播一些与自己生活、工作相关的内容，增加人气和吸引力，在给自己制造流量的同时对工作带来正向影响。例如，从央视离职后的媒体人罗振宇，不仅主持视频脱口秀节目"罗辑思维"，还自如地采用微信公众号、图书杂志、线下读书会等多种新型互动方式，通过全方位的媒介推介，建立了自己的"魅力人格体"。这些主持人所打造的个人风格，反映了新时代受众对主持人的要求。

此外，融媒体时代的主持人还需要掌握多媒体传播所必需的技术手段，如文字、音视频、网络、远程交互等应用，用多种手段增强节目的即时性、可视性、冲击力和感染力，增强节目和用户的黏性。主持人应担负起传播网络正能量的责任，更有效地弘扬社会主流价值，牢记文化责任和使命担当，成为网络信息海洋中的领航人，为推动社会文明进步贡献自身的力量。总之，主持人只有不断顺应新潮流、洞察新趋势、培育新优势，积极回应融媒体时代发展要求，才能在竞争激烈的新时代获得新生。

4. 融媒体扩大了大众传播的影响力

在传播学的研究史上，从"枪弹论""有限效果论"到"适度效果论"再到"强大效果论"，人们对于传播效果的认知在不断完善。传播的影响力越大，传播效果就会更好。

传统大众媒体如报刊、广播、电视的影响力日渐衰微，但媒体融合之下的大众传播影响力却得到提升。融媒体环境下，新闻传播的速度更快，4G、5G技术的发展使传播速度进入了"读秒"时代。新闻信息能在很短的时间内通过不同的渠道，在多个平台（如微博、微信、抖音、今日头条等）迅速传播，新闻信息可以在最短时间内受到人们关注。人们利用碎片化时间迅速完成阅读、评论、转发，加上平台大数据的推送，新闻传播能够产生类似核爆炸的"链式反应"，甚至突破地域局限，传播的影响力得到前所未有的提升。同时，借助融媒体，传统媒体可以为受众提供更多的内容服务，以扩大传播影响力，实现传播效果的最大化。例如，《人民日报》电子版，不但提供《人民日报》以及由该报社出版发行的其他数家报纸与杂志的印刷版内容，而且还提供"全报网

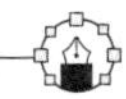

上调查”“报刊导航”“资料库”等网上特色服务;《光明日报》的网络版提供的特色信息服务包括“中国网上报刊大全”“旧报查询”“网点链接”等。互联网的发展为传统媒体提供了新的传播渠道，传统媒体也为网络出版的飞跃发展提供了丰富的内容服务支持。

同样，电视网络化后也可以实现资源共享。电视网络化后，节目制作的全部素材将实现共享，丰富有序的资源将促使节目制作水平迈上新台阶，新闻节目将更加快捷及时。各台之间的节目交流也将成为现实，电视台将充分利用互联网带动节目的传播力和影响力。例如，中央电视台与搜狐网、新浪网、腾讯网、网易、优酷网等建立合作，进行节目网上直播、联合网站推出热播电视剧。又如，南非世界杯期间，CCTV、中国网络电视台（简称CNTV）和酷6网合作，联合人民网、新华网、中国日报网、国际在线等互联网及移动传播平台，组建“全国网络视频联盟”，形成了电视台电视直播、中国网络电视台网络直播、合作伙伴的网络直播三大阵营，展现了强大的报道实力。网站借助电视台孵化产品，电视台依靠网络推聚人气，实现了传播效果的最大化。

第二章　传播符号

第一节　符号概述

一、什么是符号

被誉为“群经之首”的《周易》是中国先秦时期的传统典籍，凝聚着中华文化的古老智慧。《周易》用阴、阳两个极其简单的符号组成六十四卦，来解释世界万事万物的变化。人类所处的世界是一个符号的世界，人类的思维、语言和传播都离不开符号。那么，什么是符号？符号又代表什么？

英国结构主义学者特伦斯·霍克斯（Terence Hawkes）认为，符号就是“有意义地代替另一种事物的东西”[①]。通过这种替代，事物得以表述和传播。德国思想家卡西尔（Ernst Cassirer）在其《符号形式的哲学》一书中指出：“我们应当把人定义为符号的动物来取代把人定义为理性的动物。”国内传播学者郭庆光认为，所谓符号是指信息的外在形式或物质载体，是信息表达和传播中不可缺少的一种基本要素。[②]

符号是人类独创和独有的，是因狩猎和采集等劳动的迫切需要而产生的。从传播过程看，意义在信息中，信息融在符号里，而符号依附于媒介将信息传播出去。也就是说，符号是传递信息、指示和称谓事物及其关系的代码。在这

① 霍克斯．结构主义和符号学[M]．瞿铁鹏，译．上海：上海译文出版社，1987：138.

② 郭庆光．传播学教程[M]．北京：中国人民大学出版社，1999：43.

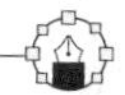

个传播过程中，人们可以看到符号的核心地位。

符号是信息传播最重要的工具之一。西方学者在对符号进行深入及系统的研究中，形成了一门新的学科，即符号学。三位符号学研究集大成者的理论以及传播学者马歇尔·麦克卢汉（Marshal Mcluhan）的媒介理论，是研究传播符号的理论基础。

1. 索绪尔的结构主义语言符号学

瑞士语言学家索绪尔（Saussure）是现代符号学的创始人，他的研究始于语言学。他对语言的本质进行了研究，对语言和言语这两个概念做了辨析。他认为语言是一种制度和规约，而言语则是语言制度规约下的具体使用。语言和言语这组概念扩展到语言学之外，可以表述为表达观念的符号系统和具体符号的运用。他在《普通语言学教程》中表达了系统的重要性。他说，系统中的单个符号的价值或意义只有在整个符号系统中才能得到表达，不纳入系统的符号是没有价值和意义的。系统对于人们理解和认知周围的事物具有重要的意义，它是社会文化的深层结构。

符号不能单独存在，必须依托系统才能表达意义。系统中的符号存在着组合和聚合关系，即横组合轴和纵聚合轴。索绪尔认为，任何语言符号的表意行为，都要遵循这种符号文本的构成方式。组合轴上的符号都是在场的，聚合轴上那些没有被选择的符号是不在场的。扩展到语言学之外，任何的符号表意活动，其符号文本都必须依赖双轴操作。系统中的符号意义表达，索绪尔用能指与所指进行表述。

（1）符号的能指和所指。索绪尔认为，每个符号都有“用什么来表示”和“代表的是什么”两个方面，也就是能指和所指。索绪尔把用以表示具体事物或抽象概念的语言符号称为能指，而把语言符号所表示的具体事物或抽象概念称为所指。能指是形式，所指是意义，符号是形式和意义的结合体。而关于能指和所指发生关系的机制，皮尔斯（Peirce）根据符号与其所指称的对象之间的关系提出了三种可能性：一是标示或征候；二是图像；三是象征。“标示”是指符号与其所指称的对象之间具有时间、空间或逻辑上的因果关系。例如，电闪雷鸣、乌云密布预示着暴风雨。“图像”是指符号与其所指称的对象之间具有相同或相似的关系。图像符号具有较强的直观性和会意性。例如，卫生间门口用穿裙子的图像代表女性。“象征”是指符号与其所指称的对象之间没有必然的联系，二者关系建立在约定俗成的基础上。

（2）符号的任意性和约定性。符号能指和所指之间的关系是任意性的。它们之间的联系和组合并非存在着必然的关系，而是完全出于符号创造者的主观性和社会成员的共同约定。能指和所指之间并不是一一对应的关系，一个所指可以有多个能指。例如，汉语“狗”和英语“dog”所指是一样的，可见，一个所指在不同的语言中有不同的能指；汉语“玉米”又叫苞米、苞谷、棒子，可见，一个所指在同一种语言中也有不同的能指。同时，一个能指也可以对应多个所指，同样的符号形式可以表达不同的符号内容。汉语中的同音词就是一个能指可以对应多个所指的例子。例如，汉语中的“花”字，具有不同的意义，音形相同而意义不同：①他买了一束花（鲜花）。②他花了很多钱（花费）。③他这个人很花（花心）。

虽然符号形式与内容之间的关系是任意的，但是符号一旦创造完成，形式与内容的联系一经社会成员认同、约定，就成为一种社会习惯，具有某种稳定性，任何人都应该遵守，不能随意去改变。例如，在《史记·秦始皇本纪》中记载着“指鹿为马”的故事，指鹿为马用来形容一个人是非不分，颠倒黑白。而从符号学角度看，一旦某种动物被约定俗成地命名为“鹿”后，就不能再称之为“马”。

2. 皮尔斯的认知符号学

索绪尔关注符号的构成问题，美国实用主义哲学家皮尔斯的符号学则主要关注符号表意问题。索绪尔的符号系统是二元的，皮尔斯的符号学则是三元的。皮尔斯将符号表意过程分为符号、对象和解释项。他的三元说使得符号表意具有了无限延展的能力，在符号的表意过程中，符号接收者成为交流的关键因素。解释项的存在，给予了符号接收者充分的表意空间，认为决定文本意义的主体不在传播者，而在于接收者的态度。因此，皮尔斯的符号学提供了一种积极的受众理论。

3. 罗兰·巴尔特的“文本”和“现代神话”理论

法国符号学家罗兰·巴尔特（Roland Barthes）的符号学研究是对索绪尔的符号学思想在大众传播文化研究中的应用，他从文学范畴探讨“文本”的概念。他提出的“文本”最主要的特征是其具有无限的开放性，打破了作者对文本意义的束缚，他认为，文本的意义主要来自读者。文本意义的生成不是“一

次性”的，而是在阅读的过程中被不断加工。他的“文本”理论为传播学的“受众研究”提供了重要的思想渊源。

罗兰·巴尔特提出的符号“意指”概念来源于索绪尔符号学的能指和所指。索绪尔强调的是符号文本，罗兰·巴尔特更关注符号接收者与文本之间的意义互动。他把“意指”分为两个序列：一个是符号的明示意，另一个是符号的隐含意。其中明示意是能指，不掺杂符号生产者的文化价值观；符号的隐含意是大众传播建构“现代神话”的主要运作机制。他将神话定义为一种言谈，一种传播体系。他用符号意指化的两个序列说明现代神话的产生过程：第一个符号序列如语言（包括能指和所指），生成第二个更大的符号系统如意识形态的能指，神话就产生于符号的第二序列意义中。罗兰·巴尔特认为置身其中的这个世界不是一个由纯粹事实所组成的经验世界，而是一个由种种符号所形成的意义世界，人们从一个符号系统到另一个符号系统，不停地对这些符号进行编码和译码。

4. 麦克卢汉的“媒介”观

加拿大传播学者马歇尔·麦克卢汉被称为20世纪原创媒介理论家。1964年，他在《理解媒介：论人的延伸》一书中提出独特的“媒介”观点，这也是本书分析融媒体时代传播符号的有力依据。他认为，媒介是人与社会和自然环境接触的中介，一切媒介都是人类感官的延伸或拓展。他提出了“媒介是人体的延伸”“媒介即讯息”“热媒介与冷媒介”等观点。他认为，随着广播、电视、互联网和其他电子媒介的出现，各种现代交通方式飞速发展，人与人之间的时空距离骤然缩短，整个世界紧缩成一个“村落”，成为一个“地球村”。麦克卢汉对媒介的理解，是符号学意义上的。媒介的形态能够塑造人的思维方式，即意味着媒介形态充当着符号能指的角色，其所指将人们的思维方式引向与此媒介形态相匹配的意义向度。媒介是符号的载体，依据麦克卢汉的观点，人的感知也是一种符号。到了现代社会，媒介形式作为符号表意的现象越来越突出，特别是网络社交媒体的兴起，为现代人的生活和思维方式带来了巨大变革，最显著的变化在于，网络媒介形态下的传播形态，其意义生成方式是多元的，由此构成了多模态的传播世界。融媒体时代，在技术驱动下的传播符号呈现出了前所未有的特征。

二、符号的分类

符号的分类是研究符号的基础，不同的专家学者从不同的角度对符号进行了分类。艾柯（Eco）根据符号的来源把符号分为自然符号与人工符号。皮尔斯把符号归为三类：肖似符号、指示符号和象征符号。其中肖似符号又分为映像符号、拟像符号和隐喻符号。罗兰·巴尔特根据符号的功用把符号分为纯粹符号和功能符号；根据符号是否独立把符号分为再现符号和现场符号；根据符号是否精致文雅把符号分为通俗符号和精致符号。我国学者胡正荣教授根据符号的外延进行分类，把符号分为语言符号和非语言符号两大类。① 每一大类中又分为若干小类，具体关系如图 2-1 所示。

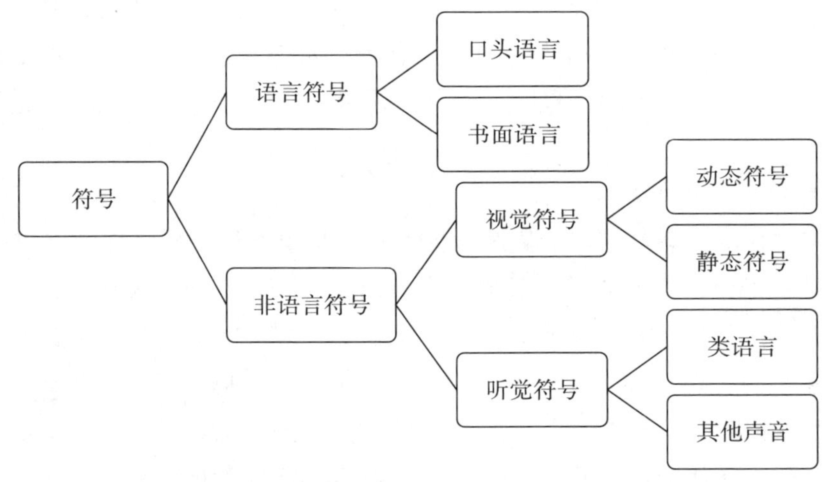

图 2-1　符号分类图

笔者认为这种分类简明，符号类别和归属一目了然，后文以此分类为依据，分语言符号、非语言符号两节专门阐述。

三、符号的意义

传播是信息符号的传递，同时也是意义的表达与共享。从本质上讲，“意义体现了人与社会、自然、他人、自己的种种复杂交错的文化关系、历史关

① 胡正荣．传播学概论[M]．北京：高等教育出版社，2019：49.

系、心理关系和实践关系”[①]。关于意义的本质，有多种认识。英国学者奥格登（Ogden）和理查兹（Richards）在《意义的意义》中提出了意义三角论。他们指出，意义可以分为符号意义、所指意义和受者理解的意义。美国学者米德（Mead）在《精神、社会和自我》一书中提出了象征性互动理论，其中心问题是象征符号与互动之间的关系，核心是象征符号。象征性互动理论认为，人是根据“意义”来行动的，意义是由人来“解释”的，意义是在社会互动的过程中产生的。人们互动的目标是创造共享的意义，如果没有共享的意义，传播将变得极其困难。例如，一个非洲留学生和中国留学生在刚认识时，选择两人都会的英语进行沟通。人们赋予象征符号的意义是社会互动的产物，具有交换意义的人类传播活动是人与社会相互作用的纽带。又如，新婚之时，新婚夫妻在长辈及亲朋好友的见证下交换彼此的结婚戒指，戒指是爱情的象征，代表着甜美的爱情，以及夫妻永结同心。

有关意义的探讨，更多地集中在语言符号的领域。索绪尔视符号为一个系统性结构，强调部分与整体的意义关联。罗兰·巴尔特在索绪尔符号理论的基础上更关注符号接收者与文本之间的意义互动。巴尔特认为所指与能指的结合不会使语义穷尽，符号的意义还受其环境的制约，符号还能表达某种隐含意义。

提炼以上学者关于“意义”的观点，符号具有的意义包括符号意义、所指意义、隐含意义、受者理解的意义、象征的意义、文本意义。

需要强调的是文本意义。所谓文本就是符号组成一个“合一的表意单元”。在传播中，符号很少会单独出现，一般总是与其他符号形成组合。通俗地说，符号文本就是符号组合，是“文化上有意义的符号组合”[②]。文本意义就是组合的符号表现的整体上的意义。叙述是一种特殊的符号文本，是带有故事情节的符号文本。叙事的角度、方式不同会产生不同的意义。下面以汉语为例子，阐述符号的意义。

1. 表面意义和引申意义

语言符号有表面意义和引申意义之分。表面意义是指符号的本义，是符号

---

① 张汝伦．意义的探究 [M]. 沈阳：辽宁人民出版社，1986：3.

② 饶广洋．广告符号学教程 [M]. 重庆：重庆大学出版社，2014：13.

基本或核心的意义。引申意义是在本义基础上推演出来的意义，是符号暗示或深层的意义，也就是符号的隐含意义或象征意义。语言符号的形成和发展离不开具体的历史文化背景，语言符号的含义会随着历史时期的发展变化而发生变化，具体表现为意义的扩大、缩小和转移。因此，对引申意义的正确解读离不开特定的时代和历史文化背景。例如，“江河”原专指长江黄河，现泛指一切河流，这是意义的扩大；“丈人”原是对一般年长男人的尊称，现在仅指称妻子的父亲，这是意义的缩小；“牺牲”原指祭祀时用作祭品的牲畜，现把为集体、为人民贡献出自己利益、权利或生命叫牺牲，这是意义的转移；“白骨精”原是中国古典神话小说《西游记》中的妖怪，现在网络语言中指“白领骨干精英”，这是网络时代赋予的特殊意义。

2. 内涵意义和外延意义

语言符号还有内涵意义和外延意义之分。符号的内涵意义是对一个符号所反映的事物本质属性的概括，也就是符号的内容。外延意义是对符号所确指的范围或量的规定。符号的内涵意义是抽象的、概括性的，外延意义则是具体的。例如，《现代汉语词典》中把“人”这个词的内涵意义定义为“能制造工具并使用工具进行劳动的高等动物”，而其外延意义包括所有的人，无论男女、肤色、地域、高矮胖瘦。

同时，内涵意义和外延意义之间存在着正比关系。例如，“福建人”的内涵意义比“中国人”的内涵意义小，那么它的外延意义也小，其范围和数量都比“中国人”小。了解传播符号的内涵意义和外延意义，可以避免在传播活动中出现以偏概全的错误，也可以让传播的信息变得更客观准确。在网络传播中常发生“地域黑”的情况，只要涉及某个省份，就会有人留言评论说“××地方的人就是不好”“我就讨厌××地方的人”，以标签来定义某个省份 。发生这种情况的原因就是把某地某些不好的人的外延意义，无限扩大为所有该地方的人，犯了以偏概全的错误。

3. 色彩意义

语言符号是具有色彩意义的。色彩意义包括感情色彩、语体色彩、文化色彩和联想色彩，如图 2–2 所示。

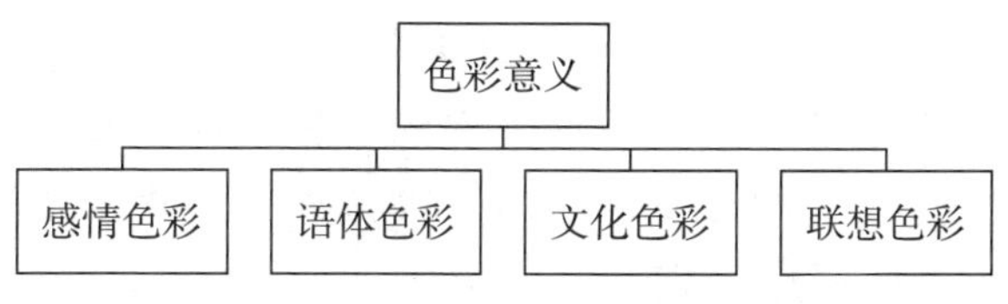

图 2-2　色彩意义分类图

（1）感情色彩。汉语中的大部分词语只表示客观事物或现象，不带感情色彩。例如，房屋、树木、山川、河流、工作、学习、休息、教育等。而表示人的性格品质的词，几乎都带有感情色彩，而且往往是褒贬成对的。感情色彩分为中性、褒义和贬义。例如，诚实、善良、高尚、忠诚这几个词是褒义词；勾结、阴谋、造谣这几个词是贬义词。

（2）语体色彩。语体是运用不同的语言材料形成的言语特点的总和。语体一般情况下分为口头语体和书面语体两大类。口头语体用词通俗易懂、生动活泼、平易朴素；书面语体用词庄重典雅、讲究分寸。例如，“爸爸”是口头语体，“父亲”是书面语体。语体色彩的使用要根据具体的语言环境、受众情况而定。汉语中的惯用语、歇后语为普通老百姓所常用，多是口头语体，成语则多是书面语体。如果不注意词语的语体色彩，运用不恰当，就会影响传播效果。

（3）文化色彩。语言符号富有文化色彩。不同国家的语言在音、形上各不相同，甚至所指的意义也有细致的区别。一个国家或民族的语言符号一定会打上自己国家或民族的文化烙印，反映出民族的心理、风俗、观念、审美等。例如，红色通常被称为中国红，是因为中国人崇尚红色，红色体现了中国人在精神和物质上的追求，它象征着吉祥、喜庆、吉利、忠诚和兴旺发达等意义。结婚时挂贴大红“双喜”，披红盖头，穿红嫁衣；过年挂红灯笼，贴红对联，包红包；生意兴旺叫“红火”；表示好运的“‘鸿’运当头”等。

（4）联想色彩。在传播活动中，一方面要追求符号的准确表达，另一方面也存在符号意义的模糊表达，以留下联想的空间。一般来说，人们借助符号传播信息时是力求准确的，但社会生活现实是动态的，传播符号是有限的、静态的和抽象的。在这种情况下，符号的模糊意义反而比科学、准确的表达显得更加清晰。例如，“那女人四十岁左右”“没别的意思，就是一点小意思”“那个女孩真那个”。以上三个例句中的“左右”“意思”“那个”都属于模糊的表达，引人联想。在生活中，人们常有“词不达意”“意犹未尽”“只可意会不可言传”的感觉，那是因为符号只是人类识别世界的一种象征物和中介，它有局限性，无法反映生活的复杂性，符号也不能完全满足使用者表达意思的需要。因此，需要运用语言符号的联想意义。

第二节　语言符号

一、语言概述

1. 语言的起源

语言的产生对人类来说是一次重大的飞跃。索绪尔认为，在语言出现之前，一切都是模糊不清的。[①] 人的思想只是一团没有定形的、模糊不清的浑然之物。语言的产生大约在 10 万年前，经过漫长时期的积累、进化，到 4 万年前，正式出现了口头语言。考古学家在欧洲发现的尼安德特人、克罗马农人等，他们的发声器官、大脑容量都已经使他们具有了基本的语言表达能力，那时人类已经有了最早的语言。

在众多关于语言的起源猜测中，恩格斯在《劳动在从猿到人转变过程中的作用》一文中提出了“语言起源于共同劳动”的假说，本书也认可这一观点。

2. 语言的发展

从语言的发展历程来看，先有口头语言，然后才有书面语言。人类的原始语言大约出现在 10 万年前，经过不断积累、进步，到了 4 万年前，正式出现了口头语言。人类有了口头语言之后，就可以更好地传情达意，通过口口相传的方式，把远古时期的神话传说、寓言故事、历史事件、部落文化传承下来。但是，口语传播是靠人体的发声功能传递信息的，由于人体能量的限制，口语只能在很近的距离内传递和交流。口语使用的声音符号是一种转瞬即逝的事物，记录性较差，口语信息的保存和积累只能依赖人脑的记忆力。可以说，口

① 索绪尔．普通语言学教程 [M]. 纪念版．高名凯，译．北京：商务印书馆，2017：152.

语传播受到空间和时间的巨大限制。因此，人类在结绳记事、实物传播等辅助手段的基础上，发明了文字，由此进入了书面语言传播时代。

公元前 4000 年，古代两河流域和埃及出现了象形文字。公元前 3200 年，居住在波斯湾以北的苏美尔人，发明了楔形文字。后来，出现了表音文字字母。公元前 1200 年左右，希腊发展出了人类第一套完整的字母文字系统，并且使之简单化、标准化。大约在 3500 年前，我国古代的殷商王朝出现了甲骨文，即把文字刻在龟甲兽骨上。甲骨文多是象形文字。中国汉字的造字法有象形法、指事法、会意法和形声法，外加两种用字法：转注和假借。

3. 语言是音、形、义结合的符号系统

语言是一种作为社会交际工具的符号系统。语言是用一定的声音和文字形式去标记事物和思想，从而获得意义的高级的复杂符号系统。完整成熟的语言符号应该是音、形、义的有机结合，如图 2-3 所示。其中语音形式是听觉的物质化表现，文字形式是视觉的特质化表现，语义内容则是符号的信息化表现。语言使用上的轻便性、负载语义的无限性、表义传播的精确细腻性，使语言成为人类重要的交际工具，也成为较为便捷、重要的传播符号。

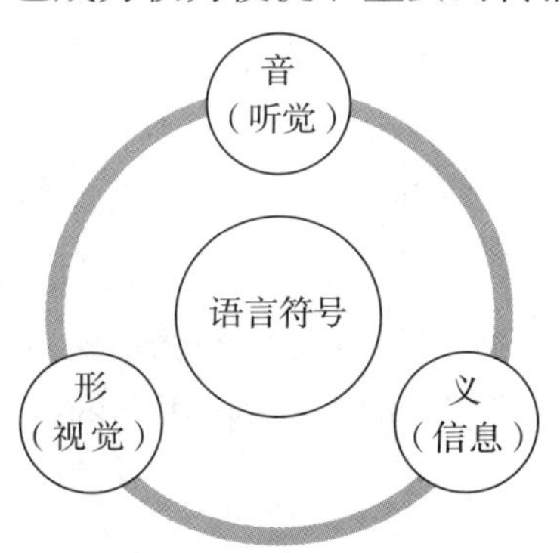

图 2-3　语言符号示意图

二、语言符号与传播

1. 语言与传播

传播中的语言可分为有声语言和无声语言、内部语言和外部语言。人的内向传播或自我传播，用的是内部语言。内部语言是传播者内化的语言，多数情况下是无声的，是思维或意识的活动，少数情况下是有声的，如自言自语、自说自话。大众传播是面向广大受众的传播，用的是外部语言，除了使用特殊的无声语言——手语外，多数是有声语言。例如，新闻联播节目，播音员用普通话播报节目的同时，画面上配有手语播音员用手语播报。通过语言，传播的信息被受众理解、接受，从而产生一定的传播效果。语言是传播的符号，也是传播的媒介，传播者需要使编码尽可能通俗易懂，让人能轻松快捷地解码，这就要求传播语言具有易读性。

2. 传播语言的易读性

美国传播学者弗雷奇（Rudolf Flesch）在大量研究的基础上，于 1949 年出版了《易读性著作的艺术》（*The Art of Readable Writing*）一书，书中提出了阅读易读性公式和人情味公式。

其易读性公式：

$$R.E.=206.835-0.846\,wl-1.015sl \quad (1)$$

其中，*R.E.* 代表易读性分数，*wl* 代表每 100 字的音节数，*sl* 代表每一个句子中的平均字数。测量得分在 0 ～ 100 分，得分越高越易读。

他认为，传播内容若能容易被人理解，最重要的是两个维度：一是降低语言上的难度，二是提高内容中的“人情味”。根据他的研究，句子越短，易读性分数越高，越容易阅读。

传播者在传播过程中想要确保传播效果，就需要确保传播的信息容易被接收者理解。尤其是大众媒体要想将信息传播给尽可能多的受众，就必须使编码尽可能的明白易懂，让人能轻松快捷地译码。例如，我国城市宣传片中的口号，简明好记、朗朗上口，充分体现了传播语言的易读性。

桂林：桂林山水甲天下。

苏州：东方水城，天堂苏州。

大连：浪漫之都，中国大连。

厦门：海上花园，温馨厦门。

海口：椰风海韵，南海明珠。

青岛：海上都市，欧亚风情。

曲阜：孔子故里，东方圣城。

临沂：书圣故里，中国临沂。

武汉：高山流水，白云黄鹤。

中山：伟人故里，锦绣中山。

传播学中的“易读性”原意是指新闻报道、文学作品等易于阅读的程度。随着传播媒介的发展，易读性也延伸为视听类节目的可听性和可视性。在互联网时代，网络与新媒体新闻报道中，经常使用大量的文本传递信息，电子阅读、碎片化阅读的方式，使提高易读性显得十分重要。融媒体时代大众传播符号的可视化，也体现了符号的易读性。

依据弗雷奇的研究成果，传播中报道语言要想具备易读性需要注意以下要点。

（1）文本短小精练：使用醒目的标题，控制文本的长度，一般不长篇大论，多用小标题，进行分段处理。

（2）行段的处理：文章多分行，常设抬头，留下空白，可以缓解视觉疲劳，提高阅读效率。

（3）句子的类型：应多用短句、单句；多用主动语态。

（4）字词的选择：选用常见的字词，避免专业术语、行话等；用语具体形象，避免太抽象概括；简明扼要，不拖泥带水，不拐弯抹角，通俗易懂。

很多新媒体报道中的语言正如描述的这样，语言表达往往浅显易懂，接地气，让读者一看就明白。

3. 传播语言的人情味

弗雷奇提出的人情味公式：

$$H.I.=3.635pw+0.314ps \qquad (2)$$

其中，*H.I.* 代表人情味的分数，*pw* 代表每 100 字中的人称词数目，*ps* 代表每 100 个句子中的人称词数目。测量得分在 0 ～ 100 分之间，得分越高文章越富有人情味。根据弗雷奇的研究，字句中的人称词越多，人情味得分越高，读者阅读起来越有兴趣。大众传播中，使用富有人情味的语言就是考虑到受众的需求，因为受众乐于接受有人情味的语言，也更容易被它打动，传播因此能取得更好的效果。

富有人情味的语言是说“人话”的，是走心和接地气的，是具有亲和力的，是具有代入感和信任感的。语言更口语化、更直白、更感性。富有人情味的语言传播效果更好。在新闻报道中提倡使用有“人情味”的语言，以平民的位置和角度，倾注真情与实感。在电视访谈类节目中，主持人与被采访嘉宾通常采用一对一或者一对多面对面谈话的方式，因此主持人要运用亲和的语言来拉近与嘉宾之间的距离，消除嘉宾与观众在镜头前表现的紧张不安。问话中或换位思考，或充满真诚的关心，这都是人情味的体现。

人情味的语言还要注意因人而异，所使用的语言要适合不同受众的接受心理。不同的受众，所喜爱的语言风格是不一样的。一般情况下，老年人喜欢真诚、亲切、信息明确的语言；年轻人则喜欢活泼、生动、有趣的，甚至具有一定的陌生化和跳跃性的语言。在词语方面，流行语、网络用语更受到年轻一代的喜爱。

第三节　非语言符号

[案例 2.1]《局长的“微笑”！局长的“表”？》

2012 年 8 月 26 日，陕西延安发生特大交通事故，36 人遇难。时任陕西省安监局局长在惨烈的事故现场满面笑容，相片经网民媒体曝光后，激起了网民的愤怒，该官员由此被戏称为“微笑哥”。随后有网民搜集到他在不同场合佩戴不同名表的照片，该官员又多了一个称号“表哥”，手表成为腐败的证据和象征。8 月 29 日，当事人解释了已被曝光的 5 块手表的来源，强调自己并未“微笑”，只是“表情有点放松”“想让现场同志放松些”。随后有人接连贴出他佩戴价值不菲的手镯、皮带、眼镜等配饰的多张图片，他被调侃为“全身都是宝”。2012 年 8 月 31 日，央视《新闻 1+1》节目播出《局长的“微笑”！局长的“表”？》。9 月，当事人被停职调查。2013 年 9 月 5 日，该官员以受贿罪和巨额财产来源不明罪数罪并罚被判处有期徒刑 14 年。

（资料来源：央视网《新闻 1+1》，2012-08-31）

在以上这个案例中，微笑、手表都是非语言符号。特定情境下特定身份者的表情和配饰都被解读出特定的含义，而且人们倾向于根据经验认定“表情比

 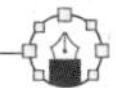

语言更真实”，可见，非语言符号有时比语言符号更有表现力。

非语言符号是语言符号之外的用以传播的所有符号，包括表情、手势、姿态、沉默、时间、空间、颜色等。美国语言学家萨丕尔（Sapir）把它称为一种不见诸文字、无人知晓但人们都能理解的微妙代码。它可以分享不同的文化经验，共建交往的内容和意义；可以用来判断真实心态，形成第一印象；还可以控制互动，如示意别人多讲一点或者结束谈话。

一、非语言符号的演变历程

人类借助非语言符号进行交流和传递信息的历史由来已久。在人类的书面语言还没有产生的时期，非语言符号是人们表情达意、传播信息主要的能指。从人类的发展历史来说，人类对符号是崇拜的，无论是原始社会生活中的各种仪式活动，还是历史上的各种宗教活动，抑或是现代社会的身份认同，都借助大量的非语言符号，传递着特定的信息。

在原始社会，由于生产力水平和人们的认知水平有限，人们对大自然充满崇拜和畏惧，原始人相信宇宙存在某种超自然、超经验的力量，只要通过特定的仪式，便能得到这种力量的帮助。于是人们举行各种各样的仪式进行祈祷、祭祀等。在各种各样的仪式中充斥着图腾、歌舞等，象征着对某种事物的有形的表达。图腾、歌舞都属于非语言符号。

不少学者研究指出人类有很多需求。美国心理学家亚伯拉罕·马斯洛（Abraham H.Maslow）1943 年在《人类激励理论》中，把需求分成生理需求、安全需求、爱和归属感、尊重需求和自我实现五类，依次由较低层次到较高层次排列。当低层次的生理和安全需求得到满足后，人们就开始追求高层次的满足。爱和归属感、尊重需求、自我实现属于中高层次的需求。低层次的需求属于物质价值追求，中高层次的需求属于精神价值需求。精神价值需求决定了人对身份地位的追求。在阶级社会中，人们主要通过财产、金钱和消费能力来显示身份地位，而财产、金钱和消费能力往往通过特定的符号外显。在商品社会里，物品就是符号，消费符号是身份象征。商品具有符号价值，它具有彰显社会等级的功能，保时捷汽车、爱马仕包、劳力士手表、香奈儿香水，在满足商品使用属性的同时，也是身份或消费能力的象征。例如，Louis Vuitton（路易斯威登）在升级成为法国皇家御用的行李箱品牌之后，来自上流社会阶层的客人蜂拥而至。该品牌经典的广告语为："旅行箱是您身份的象征。"

二、非语言符号的特征

19世纪末，美国符号学家皮尔斯把符号分为：肖似符号、指示符号、象征符号。符号分类示意图如图2-4所示。

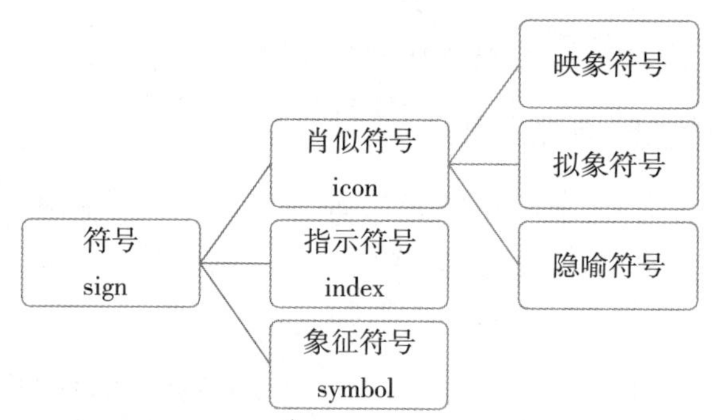

图2-4 符号分类示意图

胡正荣教授根据符号的外延把符号分为语言符号和非语言符号，非语言符号又分为视觉符号和听觉符号两类。无论是基于什么角度的分类，分析各种非语言符号能指和所指的关系，会发现非语言符号有两个明显的特征：象似性、喻示性。

1. 象似性

象似性从直观上说应该是"符号临摹现实世界中的客体"。符号象似性的参照物有客观世界和人类的经验或认知。参照客观世界的符号是映象符号，往往带着象形的特征。就像人类早期的文字多是象形文字一样，最初创造的符号多带着象形的特征。远在公元前9千年，带有简单图画的象征物就被用于标记基本的农产品。到了公元前6千年，随着城市的增加和基本工艺技巧的普及，更多复杂的象形符号象征物被发明用来标记工业品。一直到现代社会，象形符号依然是常见的符号。在现今的日常生活中，象形符号仍被用于标识或指示等之上，因为象形符号的造型自然而且形式直观。例如，象形符号被广泛用于指示公共厕所，或使用在机场和火车站等场所，以方便不精通于他国语言的旅客，使之了解指示牌内容。象形符号也常常应用在现代广告设计作品中。广告是一种经由大众传播媒介的传播活动，是通过符号或象征手段进行交流沟通的

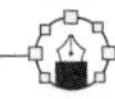

社会互动过程。象形符号能使广告清晰易懂、简洁明快，从而获得极强的视觉效果。例如，运动会上各类运动项目的宣传图，常常采用模拟人体运动动作的象形图案，图形简洁明了，形象感极强。

象似性符号可以是静态的视觉映象符号，如绘画、雕塑等是静态的视觉映象符号的表现形式。象似性符号也可以是动态的视觉映象符号，如摄影、电影、电视、动画等是动态的视觉映象符号的表现形式。象似性符号还可以是听觉映象符号，如人类模仿鸟鸣叫的声音创造了音乐。

符号的象似性还包括拟象符号，即参照人类的经验或认知的符号，这类符号带上了人赋予的意义，是象似和意义的结合。例如，交通标识就充分体现了拟象符号的特征。交通标识除了使用文字外，还用线条、颜色、形状、数字等符号传递引导、限制、警告或指示信息，如表 2–1 所示。

表 2–1　交通标识中的符号

符号类型		符号意义
线条	实线	黄色实线，双向两车道路面中心线用于分格对向行驶的交通流；白色实线，用于指标机动车道的边缘，或用来划分机动车道与非机动车道
	虚线	黄色虚线既可作分界线，也可作中心线，作分界线时可变道；白色虚线，用来分格同向行驶的交通流，设在同向行驶的车道分界线上
颜色	黄色	表示指令、遵循，用于指示标识的底色；表示地名、路线、方向等行车信息，用于一般道路指路标识的底色
	白色	用于标识的底色、文字和图形符号以及部分标识的边框
	红色	表示禁止、停止、危险，用于禁令标识的边框、底色、斜杠，也用于叉形符号和斜杠符号、警告性线形诱导标的底色等
	黑色	用于标识的文字、图形符号和部分标识的边框
	蓝色	表示指令、遵循，用于指示标识的底色
	绿色	表示地名、路线、方向等行车信息，用于高速公路和城市快速路指路标识的底色
	褐色	通常作为底色，多用在旅游区标识上

续 表

符号类型		符号意义
形状	三角形	正等边三角形：用于警告标识； 倒等边三角形：用于“减速让行”禁令标识
	圆形	用于禁令和指示标识
	方形	用于指路标识，部分警告、禁令和指示标识，旅游区标识，辅助标识，告示标识灯
	八角形	用于“停车让行”禁令标识
	叉形	用于“铁路平交道口叉形符号”警告标识
数字	后面无符号	代表速度，多数使用在限速或解除限速标识上
	后面有km	代表距离，多数使用到达某一地点还有多少距离
	显示几点几分	代表时间，多数使用在显示某一时间段里会怎么样
	后有个t	代表重量，多数使用在限重标识上

总之，就像交通标识符号一样，象似性符号通常是以线条、光线、色彩、强力、表现、平衡、形式等符号要素所构成的用以传达各种信息的媒介载体。符号的象似性不仅在形式上使人产生视觉联想，更为重要的是它能唤起人们的思索联想，进而产生移情，达到情感的共鸣。

2. 喻示性

符号是人创造的。当符号的能指和所指不具备象似性时，人们往往会另寻他路，寻找和所指相关联的能指，通过隐喻或转喻建立能指和所指关联。若借用修辞学的用语，就是比喻。比喻的构成要素包括本体、喻体和喻词。本体是表达对象，喻体是用来作比的事物，喻词是表示关联性的词语。从符号的角度来说，所指就是本体，能指就是喻体，喻体一般是熟悉的、有形的、具体的、常见的，用以喻示生疏的、无形的、抽象的、罕见的所指。喻示关系的形成是建立在一个符号或符号组合的能指和所指之间意指关系约定俗成的基础上的。

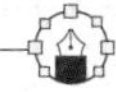

在非语言符号中，喻示性无处不在。例如，人们用花来表达人的某种感情与愿望。比较具有代表意义的玫瑰与许愿花，都是在一定的历史条件下逐渐约定形成的，被一定范围人群所公认的信息交流形式。在大众传播的电影、电视作品中，很多镜头经常有其特殊的含义。例如，在获得高票房与好口碑的电影《长津湖》中，年轻的战士伍万里在火车上看长城的镜头就有深刻的含义。电影中的长城更多的是一个意象，落日、长城、出征的战士。其意义在于让伍万里这个顽劣的、不知道为何当兵的新兵，第一次感悟到保卫祖国、保卫美好壮丽山河的意义。年轻的战士正在成长，最后变成像长城那样御敌卫国的一道不屈的防线，战士们用他们的血肉之躯，筑成新的长城，保家卫国。

三、非语言符号的作用

美国学者雷蒙德·罗斯（Raymond Rose）在其《演说的魅力》中有一个被广泛引用的论断：在人际传播活动中，人们所得到的信息总量中，只有 35% 是文字语言传播的，剩余 65% 的信息是非文字语言传达的；在非文字语言中，又有 55% 的信息是面部表情传达的。[①] 梅拉宾（Mehrabian）进一步为面部表情的信息冲击力设计了一个公式，以此强调非文字语言在成功的信息传播中的分量：

$$\text{信息冲击力}\ 1 = 0.07\times\ \text{言辞} + 0.38\times\ \text{声音} + 0.55\times\ \text{面部表情}$$

在传播中，非语言符号有其不可替代的作用。具体如下。

1. 代替作用

当某些事件不宜用语言符号时，或特定环境阻碍了言语交流时，可以用非语言符号代替语言符号传播信息。例如，在记者招待会上，某记者提了一个发言人不愿意回答的问题，发言人耸耸肩，摊摊手，代替回答。

2. 补充作用

非语言符号在交流中可以填补、增加、充实语言符号在传播信息时的某些不足、损失或欠缺。例如，演员在台上露出娇羞的表情，来补充角色当时的心理活动。

---

① 薛可，余明阳．人际传播学 [M]. 上海：上海人民出版社，2012：26.

3. 强调作用

非语言符号配合语言使用还可以起到强调作用。例如，在喊加油的时候，常常鼓掌或挥拳头；在电视节目中反复出现某个镜头时，就是强调突出。

4. 否定作用

有时非语言符号会否定语言符号所传播的信息含义，当语言符号和非语言符号发生矛盾时，人们倾向于相信非语言符号承载的信息，而不相信语言符号。例如，一个孩子看到别人手里的食物，直咽口水，嘴里却说“妈妈说不能吃别人的东西”，孩子的表情说明他很想吃，与他说的话正相反。

5. 调节作用

非语言符号还可以发挥调节作用，协调人与人之间的语言交流状态。例如，在电视选秀节目中，一个选手被淘汰，即将下场，该选手显得特别悲伤，场上气氛也很凝重，导师走过去拥抱该选手，现场也响起热烈掌声，这些举动既是对选手的安慰和鼓励，也调节了现场的气氛。

四、视觉性非语言符号

亚里士多德（Aristotle）说过：“无论我们将有所作为，或竟是无所作为，较之其他感觉，我们都特爱观看。理由是能使我们识知事物，并显明事物之间的许多差别，此于五官之中，以得于视觉者为多。”[①] 视觉历来受到人们的重视，特别是1839年达盖尔摄影术发明后，摄影技术得到推广运用，图像成为主要的表意方式。随后出现电影、各种摄像，视觉符号一直受到人们的追捧。

视觉性非语言符号包括静态的视觉性非语言符号和动态的视觉性非语言符号。

静态的视觉性非语言符号包括静止体态、服饰、空间、环境、雕塑、绘画、颜色、图片等；动态的视觉性非语言符号包括身体语、运动画面、人际距离等。

下面具体阐述视觉性非语言符号中的身体语、空间与距离以及服饰与颜色。

1. 身体语

身体语是指人们用身体部位做出动作来表达一定的信息。常见的身体语包

① 亚里士多德．形而上学[M]．吴寿彭，译，北京：商务印书馆，1959：1.

括表情、目光、手势、姿势动作、身体接触行为等。

表情：人的面部表情千变万化，含义复杂，但无论是有意还是无意，人们使用和操纵面部表情的原因不外四种：强化真实情绪、减弱真实情绪、中和真实情绪和掩饰真实情绪。表情能显示各种情感，阐释话语、调节对话、塑造社交形象，从而成为一种具体、确切的非语言符号。

目光：眼睛是心灵的窗户，人们利用目光传递出的信息几乎是无限的。研究发现在社群传播中，人们用 30% ～ 60% 的时间跟别人眼目传神。目光的接触与回避、目光接触时间的长短、视线的控制、眼光的抬高和低垂、闭上眼睛等方式都传递着信息。

手势：手势包括模仿型、代表型和指挥型三种。手势在说话过程中出现，与语言行为同步进行，共同行使语义和语用功能；手势具有极大的自由度，使之能够灵活补充语言符号难以传递的信息，包括微妙的思想和情感；手势与语言共同构成思想——手势语和语言符号的结合，这是传播者思想过程的组成部分。

姿势动作：人也许能停止有声语言的传播，但不能停止无声语言的发出。人的姿态动作总是有意无意地“泄露”着人内心的秘密和蕴藏的信息。这是因为，人的每一种姿态动作都是人的心理状态和生理状态信息的外化；同时，它们同那一片刻作用于我们的某种事情相关。姿态动作主要指站姿、坐姿、走姿、蹲姿、卧姿等。

身体接触行为：身体接触行为包括拥抱、触摸、握手、亲吻、拍肩膀等行为。它作为传播的一种象征性手段，可以用来表述和说明相互作用的性质，具有职业性、礼貌性、友爱性、情爱性等交流功能。触摸行为能传递各种不同的信息。首先，它可以传递情绪信息。心理学家研究发现触摸能够传送五种不同的情绪：漠不关心、母亲般的照顾、害怕、生气和闹着玩。其次，触摸可以传递地位信息。一般来说，主动触摸对方的人往往是地位较高的人，而且两人之间没有障碍和矛盾。

2. 空间与距离

传播中的人际空间和身体距离，以及建筑、居所等固定空间的布局和利用，这些运用空间来表达信息的非语言符号被称为空间语言。文化直接影响着空间距离，人的个性也影响着空间距离。爱德华·霍尔（Edward Twichell

Hall）在《近体行为的符号体系》中把人际交往的个人空间距离分为四种：一是亲密距离 0 ～ 45 cm；二是人际距离 45 ～ 120 cm；三是社交距离 120 ～ 360 cm；四是公共距离 360 cm 以上。

有些亚洲文化中，学生和老师、下属和领导之间用有意拉开的距离表示尊敬。在现代礼仪中，座位位置和朝向的不同代表着尊卑的不同。应遵循“面门为上、远门为上、居中为上”的原则。[①] 空间和距离就是无声的符号。中国传统建筑的四合院安排住房一般要按“中为上、侧为下；后为上、前为下；左为上、右为下”的次序，据中轴线或正厅近者为尊，远者为卑。建筑的秩序展示了伦理的秩序，整个四合院格局充分肯定家族中的族权、父权的神圣，形成了尊卑有等、贵贱有分、长幼有序的“礼”的物化形式。

3. 服饰与颜色

服饰是通过服装和饰物来传递关于社会地位、兴趣爱好、信仰观念等信息的非语言符号。服饰的功能一是“礼貌”，二是“保护”，三是“装饰”。中国古代冠服制度是封建社会权力等级的象征，从花色、用料到图案都有着严格的规定。现代着装讲究的“TPO 原则”，即着装要考虑时间（time）、地点（place）、场合（occasion）。例如，参加商务谈判穿正装，参加晚宴穿礼服，参加户外运动穿休闲服等。服饰已经成了一种传递信息的符号。服饰还具有象征意义。例如，中国人结婚穿龙凤褂，绣的图案以龙和凤为主，象征新人龙凤呈祥，寓意新人成双成对；西方婚礼穿白色婚纱，象征着天真、无邪和纯净。

色彩和意义结合的非语言符号呈现了不同文化对颜色意义的感知与偏好。例如，绿色代表新鲜、平静、和平、柔和、安逸、青春；橙色代表光明、华丽、兴奋、快乐；蓝色代表深远、永恒、沉静、理智、诚实、寒冷。红色在中国象征着热情、希望、大吉大利，但在许多英语国家则代表愤怒、气愤和血腥。

五、听觉性非语言符号

听觉性非语言符号包括类语言和其他声音符号。

1. 类语言

类语言是口头语言的附加或补充部分。类语言包括人发出的哭、笑、哼、

① 高萍，曹辉 . 办公室事务处理 [M]. 成都：电子科技大学出版社，2015：49.

叹息、呻吟、口头语等声音。类语言不具有固定意义，往往在不同的情境中表达不同的意义。例如，用咳嗽声表达暗示等。

2. 其他声音符号

其他声音符号，如鼓声、口哨声、汽笛声、乐声、掌声等。在特定的传播情境下，某种单一的声音符号也可能担当传播信息的重任。例如，古代击鼓作战，篮球裁判的哨声等。

无论是视觉性还是听觉性的非语言符号，在使用时都要注意以下几点。

（1）非语言符号的使用与情境相关。例如，微笑是迷人的，但在严重的灾害现场微笑可能就不合时宜。

（2）非语言符号的使用与使用者个性相关。对于一个性格内向的人来说，他使用的非语言符号可能是眼神、表情；而一个性格外向的人可能较多使用动作、声音。

（3）非语言符号的使用与文化相关。同一种非语言符号在不同文化中的含义可能并不相同。在跨文化传播中，理解对方的非语言符号有特殊的价值。例如，不同文化在目光语的应用上有很多不同。常规交流中，东方人不喜欢直盯着对方，但英美人则将不能直视视为躲闪，是掩饰、不真诚或缺少自信的表现，因此有“不要相信不敢直视你的人”的说法。再如，不同文化对姿势有不同的规范，中国人见面用拱手礼，日本人用深鞠躬，印度用合十礼，法国人可能用亲吻礼。同一种姿势含义也可能不同，美国人跷起“二郎腿”是一种典型的坐姿，但在中国，跷起“二郎腿”是缺乏教养、轻浮、不雅的表现。

六、非语言符号与大众传播

在大众媒体传播中，常常运用非语言符号来增加新闻的真实感。视觉静态非语言传播符号多数在印刷媒体中使用，电视、网络媒体中也存在。例如，印刷媒体常用的非语言符号包括编辑的版面语言、色彩、图片、留白等，其中图片包括新闻照片、绘画、图示、图饰等，图示包括统计图、示意图和新闻地图等。例如，每届的“世界新闻图片大赛”就是用图片作为传播符号，呈现图片背后的新闻故事、当代问题等，获奖的图片往往具有很大的视觉冲击力。

大众媒体对于新闻事实的反映，也可以借助动态非语言符号进行呈现。视觉动态非语言符号主要运用于电视媒体，借助这些大众非语言传播符号能够增加新闻的真实感。例如，电视采访可以通过动态无声的目光、表情动作、手势语言和身体运动，静态无声的体态语、空间距离、着装，以及重音、语调、停顿等非语言符号传递信息。这些非语言符号是采访的手段，也是采访的重要内容之一，非语言符号的采访能够凸显新闻报道的特色和真实性。例如，在每年的“3·15晚会”特别节目中，很多记者通过偷拍的方式曝光企业的经营情况，虽然视听效果不好，但是真实感和可信度较好，这体现了非语言符号传播的优势，增强了相关报道的真实性和感染力。

新闻报道也可以模拟视觉动态非语言传播符号，营造新闻真实感。例如，在新闻报道中用三维动画模拟事故发生过程、模拟火山喷发过程、模拟桥梁的建造过程，这样可以降低受众接收信息的难度，帮助受众构建心理真实，使受众清楚认知真实情况，从而增强报道的真实感。随着计算机技术和通信技术的不断进步，用非语言符号打造模拟场景将变得更加常见，如近年在新闻报道中出现的虚拟场景营造。

听觉性非语言符号主要在广播中应用，由音乐、音响等组成。在新闻节目中要十分慎重使用音乐，因为在一般的新闻节目中除了现场同期声外，很少用音乐。新闻报道中加入音乐的倾向性比较明显，容易影响新闻的真实性和客观性。同期声是伴随画面声源的声音，是还原现实场景的一种方式。新闻报道的解说词是电视新闻的重要因素之一，和现场的语调一致可以增加节目的真实感。要想体现新闻报道的现场感，不仅需要新闻事件现场的视觉性非语言符号，还需要大量采集和呈现听觉性非语言符号，共同烘托出真实的新闻现场，使新闻报道更具有真实感。[①] 听觉性非语言符号传播要注意，脱离现场的音响、音乐、副语言不利于营造新闻的真实感。

大众非语言传播符号不仅能直接表意，还能隐喻表意。隐喻是人类将某一领域的经验用来说明或理解另一领域经验的一种认知活动。大众非语言传播符号的隐喻表意功能是拓展其表意空间的重要方式，例如，一种宣示、一种判断、一种观点等理解起来比较抽象，可以通过特定符号形象化传递，从而降低受众的接受难度。新闻传播的真实性不仅是新闻事件的真实，还指在新闻感受上体验到新闻内容的真实感。在保证新闻真实性的基础上，可以借助模拟符号传递真实的新闻

① 王亿本．大众非语言传播的功能研究[M]．北京：中国社会科学出版社，2016：97-98.

信息，特别是一些抽象的概念、观点、态度需要借助视觉性或听觉性非语言符号隐喻真实感。例如，近年来关于两会的报道，用图表图解国家政策就显得更加形象。

当然，大众非语言传播符号隐喻表意对新闻信息也存在负面影响，主要表现在欺骗性上。例如，大众非语言传播符号采集过程中具有倾向性或容易出现偏差，导致其不能准确反映新闻的真实性。新闻图片的选择具有片面性，新闻照片拍摄的瞬间只是体现现象真实，不一定反映事物的本质。新闻事件发展过程中有很多瞬间，新闻照片只能捕捉其中的某个瞬间，有些能反映事件的本质，有些则不能。拍摄镜头具有欺骗性。镜头的运用可以展示新闻人的目的性。一般认为，广角、长镜头拍摄可以提高新闻真实性；特写显示亲密关系；中景显示个人关系；远景显示社会关系。镜头角度也与意义有关联，仰拍显示权力、威严；俯拍强调渺小、微弱；镜头推进表示关注；镜头拉远表示结束。采用不同的拍摄方式和角度，最终产生的视觉和心理效果是不一样的，其真实性也就受到影响。在视频类新闻的拍摄过程中，画面出现的顺序、镜头的剪切连接、拍摄角度等不同，其所展示的意义也千差万别。对新闻素材的选择，也体现着不同报道的目的和立场。例如，对 2008 年北京奥运会开幕式的报道，中央电视台通过全程直播展示了一个个创意无限的节目，展现出一场别开生面的开幕式。总之，大众非语言传播符号经过选择和多重把关后会带有一定的欺骗性。

第三章　融媒体时代的大众传播符号特征

国家政策的鼓励，媒体理念的更新，计算机技术和通信技术的驱动，一同推动了人们迈进融媒体时代。融媒体成为从国家到地方各级政府，以及企事业单位、自媒体传播各种信息的途径与方式。信息的传播离不开符号。如前几章所述，媒体的融合使大众传播媒体形态、传播方式、传播者角色和传播影响力发生改变，也使传播符号发生改变。融媒体时代的大众传播符号与传统媒体的传播符号是否存在差异，呈现出哪些不同的特征，本章将进行具体阐述。

第一节　符号的多元性

传统大众媒介报刊、广播、电视的传播符号相对比较单调，不同类型的大众媒介有着其独有的传播符号，符号呈现出鲜明的媒介特征。

无论是早期的手抄报，还是在印刷技术发展的基础上产生的批量生产的现代报纸，其传播符号主要是文字，辅以图片。色彩也是一种符号，报纸的色彩在以前很长一段时间内都是单调的，基本是黑白印刷。我国第一张彩印报纸是1973 年 12 月 26 日出版的《人民日报》，报纸相对于其他大众媒介的色彩要单调得多。广播采用电波传送信息，其传播符号是声音，包括语言和其他声音，如乐曲声、环境声等。这种符号传播速度快，但受众是被动接收信息，传播内容稍纵即逝。电视用无线电波传送声音和图像，其传播符号主要是文字、声音、图像，其中文字主要是字幕。电视传播符号做到了声情并茂，但受众仍是被动接收信息。报纸、广播、电视几大传统大众媒介有各自独立的采、编、播

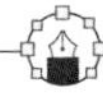

体系，无论是技术系统还是媒体内容都是独立的，其中的文字、图片、音频、视频等传播符号，在媒介中以扁平化样式进行传播。

融媒体时代的传播，媒介之间的界限被逐渐消融，媒介处于“你中有我，我中有你”的状态。例如，单向广播电视融入了短信、二维码、声纹识别、数字水印等技术，借助互联网回传通道，提高了观众的参与度。融媒体实现了多种媒体的有机集成。在融媒体中，完全覆盖了文字符号、图像符号、图形符号、动画符号、语音符号、视频符号等多种传播符号。这些传播符号交叉融合在一起，共同呈现传播的信息。所以传播符号是多元的、立体的，共同构建出整体的文本符号。除了文本符号外，还有超文本符号。超文本是一种以非线性为特征的数据系统，构成超文本的基本单位是节点。节点可以包含文字、图表、音频、视频、动画和图像等，它们通过广泛的链接建立相互联系。超文本可以是以某种单一媒介为主的文本，也可以是多媒介联合文本。其主要的特征是链接的层级性和解读的任意性，接收者的解读对象不再局限于某一个单独的文本，而是凭借阅读经验和个人喜好，通过链接解读任何与该文本相关的文本。在融媒体时代的信息传播中常常存在链接，供受众自主选择。例如，新浪微博文章、微信公众号的文章里面常常存在链接。

第二节　符号的互动性

互动性是指在信息传递的过程中，传播双方一起参与，平等地进行信息沟通与交流互动，可以相互促进。融媒体时代，互联网和移动互联网技术为传播者和受众之间的互动提供了可能。

在传统大众媒体报刊、广播与电视的信息传播过程中，传播渠道以单向传递为主，信息内容的发布者通常占主导地位，传播者具备主流媒体的权威性和影响力，但是与受众之间的互动很少，虽然设置了读者来信、读者热线、读者信箱，但反馈是延时的、有限的，受众参与的意愿并不高，互动性很差。融媒体时代，新媒体利用数字技术，通过计算机网络、无线通信网、卫星等渠道，以及电脑、手机、数字电视机等终端，向用户提供信息和服务的传播形态。用户第一时间就可以通过网络进行互动。特别是手机新媒体发送信息时间短、接收信息速度快、受制约因素少，几乎不受时间和地域的限制，只要在全球移动互联网络覆盖的任何地方，在任何时间都可以搜索信息、查阅信息、发布信息，这是报刊、广播、电视等传统媒体无法企及的，互动也因此变得轻而易举。虽然微博、微信、抖音、快手、小红书等新媒体具有互动性、便捷性等优点，但是信息来源不可靠，信息真伪难辨。融媒体是融合了传统媒体和新媒体的媒介资源，对两者进行扬长避短、优势互补，通过资源整合，增强信息的传播效果。在融媒体传播中，由于传播渠道主要以双向传递为主，因此信息内容发布者与受众之间能够实现平等地沟通与互动，受众在接收信息内容的同时，能积极地表达自己的看法，发表观点，进行评论。融媒体通过各种渠道传播消息，在多平台实现了沟通与互动，实现了信息全方位、多角度的有效传递。

融媒体能够通过5G超高速网络现场直播的方式实现传播者与受众的共时化在场；通过虚拟互动媒体技术，能够让传播者与受众之间实现共空间化在场。也就是说，让受众体验到极强的现场感和参与感，在形式上搭建起传播者与受众双向互动的平台。

融媒体提供了评论、转发、点赞等功能，使得媒体与受众的互动得以实现。虚拟现实将交互定义在人与机器之间，其目标是创造一种全新的人机界面，人通过头盔显示器、数据手套等实现感官与机器的全方位协调，以达到人机交互的最佳状态。观众可以在虚拟现实情境中点击需要查看的信息，也可以通过旋转场景观看，甚至可以与新闻场景中单个建模物体进行互动，并得到实时反馈。其中，可能一个特设的按钮、一个旋转的标识、一个图标就是互动的符号。

传统媒体中有严格的传播者和受众的区分；新媒体中没有传播者和接收者的区分，只有信息的参与者。受众在新媒体环境中可以在极大范围内选择自己需要的信息，同时还可以参与信息的传播和发布。融媒体时代的互动性不仅体现在介质机构和受众之间的互动中，还体现在受众之间的互动中。

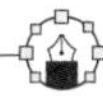

第三节　符号的虚拟性

在传播符号学中，时间和空间都是一种非语言传播符号。时间可以传递信息，如发布新闻信息。一般情况下，安排在周一发布的消息往往是重要的消息或者是希望引起关注的消息。空间也可以传递信息，例如在人民大会堂召开的会议就比在普通会议室召开的会议规格更高也更重要。在融媒体中，通过特殊的技术，时间和空间都可以虚拟化，空间可以是对真实空间的仿造，也可以是创造的想象空间。例如，用虚拟现实技术营造的虚拟时空场景，颠覆了用户的感官体验，塑造了一种全新的“沉浸式传播”交互模式。电脑技术创造的虚拟世界不仅突破了以往一切媒介形式的制约，也突破了自然时空限制。例如，《纽约时报》推出了虚拟现实新闻客户端，受众可以用手机浏览 360 度全景视频。虚拟现实带来的冲击要远远超过图片和普通视频，会给受众带来更真实的感受。又如，用数据技术和全息技术创造的三维立体虚拟数字人。近年来，VR 新闻的流行、人工智能（Artificial Intelligence, AI）主播的出现，都说明融媒体时代传播符号具有虚拟性特征。

虚拟性符号已经超越了自然的时空限度，更多涉及人的感知觉。虽然营造的是虚拟的仿真时空，但能给人更真实的感觉。20 世纪 80 年代初期，美国 VPL 公司的创建人杰伦·拉尼尔（Jaron Lanier）正式提出了“虚拟现实”一词。虚拟现实技术的所有努力都是为了“分享想象，生活在一个可以互相表达图像和听觉的世界”[①]。“互相表达”说明在这样的虚拟环境中，人与人、人与环境的关系可以互动；而所谓“图像和听觉的世界”则说明通过虚拟现实设备对人类生理感官系统的隔离，可以在技术上重塑人类的感官世界，并且这个世界是听觉和视觉的统一。

①MICHAEL. Virtual Realism[M]. New York: Oxford University Press, 1998: 16.

第四节　符号的数据化

融媒体时代，在大数据技术的推动下，数据新闻应运而生。数据新闻是指基于数据的抓取、挖掘、统计、分析和可视化呈现的新型新闻报道方式。它是数据技术对新闻业全面渗透的必然结果。它的出现在一定程度上改变了传统新闻的生产流程。近年来，数据新闻流行，很多互联网媒体都创建了自己的数据新闻平台，例如：

- 财新网——数据可视化实验室
- 网易——数读
- 新华网——数据新闻
- 今日头条——今日头条 App

需要强调的是数据不是数字，数据包含数字。数字作为传播符号，由来已久。不同的国家喜欢不同的数字。中国人喜欢数字“6”和“8”，有“顺”和“发”的谐音意义，寓意着顺心顺意和发财。2008 年中国承办夏季奥运会，就把开幕时间定在 8 月 8 日晚上 8 点。2008 名演员、2008 尊缶标志着 2008 年北京奥运会，寓意了东西南北、天上地下的时空观念。“有朋自远方来，不亦乐乎？”这是《论语》中脍炙人口的名句，演员击缶吟诵，表达了欢迎朋友的愉悦心情。

数据新闻有别于精确新闻和数字新闻。精确新闻兴起于 20 世纪 60 年代，美国学者、新闻记者菲利普·迈耶（Philip Meyer）在其著作《精确新闻学》中指出，精确新闻是记者在采访新闻时运用调查、实验和内容分析等社会科学研究方法来收集资料、查证事实，从而精确地报道新闻的方式。这类新闻报道 20 世纪 70 年代风行于美国新闻界。20 世纪 80 年代，中国新闻界开始运用这种新闻报道方法。它的特点是用精确的数据分析新闻事件，以避免主观、人为的错误。它侧重微观的具体调查、实验和内容分析。而数字新闻，则指以数字、公式、字母等静态形式来辅助文字报道。现在所说的大数据新闻，显现的是对大数据的挖掘与处理的结果，可以通过复杂的交互式、动态化的图片和视

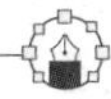

频来呈现这类新闻。大数据新闻往往以形象互动的可视化方式呈现新闻，如机器人新闻。

机器人新闻最早出现在美国，体育、经济和金融等领域较早地开始运用这一技术。近年来，《纽约时报》《洛杉矶时报》等都将机器人写作运用到新闻采编中。在中国，腾讯财经频道于 2015 年用自动化新闻写作机器人 Dreamwriter 发布了一篇名为《8 月 CPI 同比上涨 2% 创 12 个月新高》的报道，打开了国内机器人写稿的先河。此后，第一财经的“DT 稿王”、新华网的“快笔小新”、南方都市报的“小南”、今日头条的“XiaomingBot”等相继诞生。

机器人新闻是伴随人工智能技术的发展而发展的，其核心是云计算和大数据分析，基于人工智能技术的自然语言生成引擎，通过采集大量题材及高质量数据，借助不同的定制化模板，实现从数据到知识理解的提升和跨越。

机器人新闻的形成一般包括 5 个步骤。

第一步，读入大量结构化和标准化的数据。凡是数据丰富且结构化、标准化的领域都很容易开发出自然语言自动生成系统，如财经报道领域和体育报道领域。

第二步，测量数据中的“新闻性”。算法会检测和对比历史数据，挑出最“反常”的数据，如体育报道中的“最高纪录”和“最低纪录”，财经报道中股价或汇率的变化高于或低于预期。

第三步，找出合适的报道角度。如果有多个角度，可以按照重要性排序。这些角度实际上就是人类记者事先确定好的报道框架，供算法选择。

第四步，将报道角度与数据中的具体事实相匹配。即在报道角度确定之后，根据算法从数据中选择相关的信息。

第五步，生成报道文本。从自然语言角度对自动生成的新闻稿件进行修饰和润色。

从以上机器人生产新闻的步骤来看，每一步都离不开数据分析。机器人新闻目前主要应用于以数据为基础的程式化报道领域，如地震报道、体育报道、公司年报、股票报道等。其主要是对复杂新闻生产过程的简化和提炼，实际上是在数据挖掘的基础上做统计分析，让数据之间建立联系后生成文本，此外还能自动为新闻报道匹配图表、图片和视频，以可视化形式展现数据，提升报道可读性。

大数据新闻的报道方式能够在宏观上对某个事件进行更加清楚与全面的报道，事件复杂的演进过程以及这个过程中的各个方面，都能描述得直观且有趣。根据用户需求提供个性化的大数据服务，是未来的发展趋势。融媒体时代的信息传播致力于以用户的需求为中心，利用大数据诠释宏观社会现象对用户的影响，或者回答用户困惑的问题。媒体可以精准定位，经过后台计算，按照用户的接收习惯、工作习惯和生活习惯将服务推送到用户眼前。

用大数据判断新闻人群：这是自媒体根据用户大数据统计出来的，从不同的风格、人生阶段、往日浏览、兴趣偏好等多种角度抽象出不同特征的人群。

用大数据实现精准内容推送：大数据能够精准识别用户的兴趣爱好，每天推荐符合其职业、生活需要的积极向上的知识性内容。

融媒体时代，媒体制作“数据新闻”的需求大增，因此数据是一个受到高度重视的传播符号。数据化符号可能具体呈现为相对应的数据动画视频，覆盖饼图、折线图、柱状图、词云、排名图等样式。所以，数据化符号最大的特征是可视化，抽象、复杂、庞大的数据经过分析、提炼、加工，变成各种可视化的图表。数据化的符号也是可视化的符号。

第五节　符号的智能化

依托“互联网 +”、云计算和大数据等技术，传播符号的智能化已经不是梦想，而是正在实现的现实。传播符号的智能化和虚拟化、数据化是密切相关的。

近年来出现的虚拟主播、虚拟小编、人工机器人记者，它们是机器，不是真实的人，但是在高科技技术的支持下，具备了人的“灵动性”。它们能够担任起了记者的角色进行采访、对话、互动和新闻内容审核等活动。在大众传播中，它们是特殊的存在，是智能化的传播符号。例如：

（1）2021 年全国两会，中央广播电视总台央视网推出了两会特别节目“C+真探”，总台数字虚拟小编小 C 首次亮相，与梁倩娟、马慧娟等全国人大代表进行独家对话，对全国人大代表们进行远程连线采访。

（2）2022 年 3 月 2 日，央视网打造的《大咖陪你看冬奥》栏目在《C 位看冬奥》板块中，通过小 C 与冬奥会前方记者、主持人进行连线环节的互动。小 C 的主持风格多变、语言风趣，给节目带来了更多的亮点。

（3）新华智云推出 25 款机器人。新华智云是由新华社和阿里巴巴共同成立的一家媒体人工智能科技公司。2019 年 8 月 26 日发布了 25 款新闻机器人，主要是根据内容生产者的痛点和难点，运用在采集和处理新闻资源两个方面。

其中，助力新闻人“采集”新闻资源的媒体机器人有 8 款，分别为突发识别机器人、人脸追踪机器人、安全核查机器人、文字识别机器人、数据标引机器人、内容搬运机器人、多渠道发布机器人、热点机器人。

助力新闻人“处理”新闻资源的媒体机器人有 17 款，分别为智能会话机器人、字幕生成机器人、智能配音机器人、视频包装机器人、视频防抖机器人、虚拟主播机器人、数据新闻机器人、直播剪辑机器人、数据金融机器人、影视综合快剪机器人、体育报道机器人、会议报道机器人、极速渲染机器人、用户画像机器人、虚拟广告机器人、一键转视频机器人、视频转 GIF 机器人。

这些新闻机器人，都是智能化技术驱动下产生的智能化的传播符号。机器人新闻让原本是“信息类”新闻的生产变得更为高效和准确，整体上新闻的“知识性”被削弱，“信息性”则大大增强。

目前，智能技术在新闻领域的应用，除了机器人新闻外，还有传感器新闻、新闻事实核查和新闻语义分析。

传感器新闻是指专业记者或自媒体运营者，通过传感器收集和利用海量信息与数据来“讲故事”的新闻生产模式。传感器新闻最早出现于 2002 年的美国。经过多年的发展，遥感卫星、GPS 系统、具有传感功能的智能手机、可穿戴传感设备、无人机、无人驾驶汽车等越来越多的传感器开始应用于新闻报道中。目前，传感器新闻已经成为融媒体时代的重要实践，集中应用于以下领域：环境新闻、用户参与式新闻、社会调查新闻。其中，环境新闻被视为传感器运用得最普遍的领域，因为传感器在环境监测中运用较为普及，环保部门需要借助传感器测量和收集水质、空气质量等数据。对媒体而言，运用传感器技术能在环境新闻报道中方便、迅速地获取海量数据，并进行数据化、故事化、可视化的呈现。

新闻事实核查是媒体为确保发布的新闻信息的真实性和准确性，对信息内容进行检验和核查的重要步骤，其作为新闻生产的一个环节，必须始终存在。进入21世纪，伴随互联网和社交媒体的快速发展，信息传播速度和数量实现了质的变化，假新闻、谣言、大量迎合受众或娱乐大众的低俗内容屡屡出现，信息量与信息传播速度超出了人工核查的能力范围，信息核查与判断的任务也变得更为艰巨。对此，基于人工智能和大数据技术的核查技术正在事实核查中扮演重要角色，目前主要包括真假辨析和价值观判断两个方面。

在真假辨析方面，一是标记与识别虚假新闻。通过智能机器和算法编码技术，假新闻在审核过程中被自动识别、标记并被过滤，节约时间和人力。当前，国外谷歌搜索、必应搜索、推特，国内腾讯新闻、百度等都推出了“事实核查”功能，通过算法对网站权威性和网络内容的真实性进行判断。二是加快审核速度。速度是事实核查的第一要义，通过智能技术赋权可以加快审核过程。阿里巴巴公司推出的“AI谣言粉碎机”就是通过深度学习和神经网络技术，设计了包括发布信息、社交画像、回复者立场、回复信息、传播路径在内的判断系统，将谣言识别和社交用户观点识别打通，能够快速判定结果，且准确率较高。

在价值观判断方面，运用智能技术对媒体发布内容进行价值观审核，就是将“人”的灵动性赋予机器，机器审核向人工审核高度靠近。新华智云推出的安全核查机器人通过深度学习技术，结合在媒体领域积累的文本、图像、视频、音频识别技术，可以快速定位涉黄、涉恐、涉政等内容，为内容生产提供安全监测，降低人工审核成本，提升审核效率。《纽约时报》运用人工智能管理读者评论区，鼓励有建设性的讨论，减少骚扰和辱骂。与之类似，谷歌同样利用人工智能技术共同推出恶意评论识别，自动发现新闻下方的恶意评论。

新闻语义分析是通过对稿件语言的识别和校验，发现新闻文本的语义错误和语法错误，促使文本优化。随着物联网环境下社交媒体的日益流行，语义信息已经成为连接人类智能和异质媒体大数据的重要桥梁。目前，语音分析技术主要运用于内容的把关和核查校对环节。例如，成立于美国的公司Grammarly为记者提供英语的语法纠错、标点修改、词句润色、句子结构优化等服务。

可以预见，在媒体融合深化过程中，智能化将成为下一个阶段的发展重点。大众传播符号的智能化将是一个新趋势。

综合本章所述，融媒体时代的传播符号在互联网技术、虚拟技术、大数据

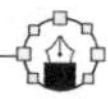

技术、传感技术的驱动之下，与传统大众传播的传播符号有了很大的区别，呈现出了多元、立体、互动、虚拟化、数据化、智能化的特征。从人类媒介发展的历程来看，媒介符号的变化一直是由技术驱动的，人类从来没有停止创新的脚步，人类的技术一直在创新中不断进步。相信随着科学技术的创新和不断进步，大众传播的符号还会出现新的特征。

第四章 融媒体时代影响传播符号的技术

第一节 融媒体时代影响传播符号技术的分类

如第三章所述，融媒体时代的大众传播符号呈现出多元融合、互动性、虚拟性、数据化、智能化等多种特征，这些特征都是由新技术引发的。

在传播的发展历程中，技术一直占据重要位置。特别是大众传播，几乎是随着通信技术的发展而不断发展变化的。传播学最初的几个传播模式，单向线性模式、双向循环传播模式都来自通信技术，传播学自身具有很强的技术传统。在人类传播的历史上，约翰·谷登堡对印刷技术进行改革后，文字信息的机械化生产和大量复制成为可能，工业国家的报纸因此进入成熟的大众传播时代。随着电子通信技术的发展，电报、电话、广播逐渐普及，在第一次世界大战、第二次世界大战的战争动员和宣传中取得了很好的大众传播效果。而无线通信技术的发展使人类进入了卫星传播时代。20 世纪 90 年代中后期，互联网技术的快速发展，使人类进入了网络传播时代。进入 21 世纪后，随着通信技术等不断创新与发展，传播的媒介、符号、信息都发生了巨大变化。概括而言，在传统大众传播媒体时代，印刷技术、电子技术、网络技术、移动互联网技术都给传播媒介带来了全新的变化，促进了大众传播的快速发展。融媒体时代，媒体的融合就是依靠先进技术引领和驱动。可以说，没有先进的技术，媒体的融合就无从实现。

先进技术促进媒体融合，创新引领媒体。其实，技术和媒体的关系是十分

紧密的。符号、媒介、信息是传播学几个重要的核心概念。符号学家赵毅衡认为符号即媒介。他在《符号学：原理与推演》中指出：符号依托于一定的物质载体，载体的物质类别称为媒介（medium），媒介是存储与传送符号的工具。具体地说，媒介就是“符号的可感知部分，索绪尔称为能指，皮尔斯称为再现体，符号学讨论中也常被直接称为符号”[①]。而加拿大传播学者麦克卢汉认为技术就是媒介，他认为媒介不仅仅是载体，“媒介”改变了人类的生存状况，改变了人们的感知，进而改变世界。媒介是迫使人类进入发展新时代的技术、工具、手段、环境等的总称。他在著作《理解媒介：论人的延伸》中谈到，“媒介是人体的延伸”“媒介即讯息”。他认为印刷品是眼睛的延伸，电视机是眼睛和耳朵的延伸，计算机是中枢神经系统的延伸。他认为作为媒介的一切技术都是肉体和神经系统增加力量和速度的延伸。他的理论能够帮助人们理解人与媒介技术的关系。技术性传播媒介的发明和使用，扩展了人类进行信息交流的能力，传播的符号及其承载的信息都显现出鲜明的时代特征。融媒体时代影响传播符号的先进技术主要有以下几个方面。

一、互联网技术

这是一个“万物皆可联”的时代。互联网深刻地改变了世界，也改变了媒体。它使世界变成一个“地球村”。

将计算机网络互相联接在一起的方法称为网络互联。计算机网络是将地理位置不同，且具有独立功能的多个计算机（主机）系统利用通信设备和线路（通信子网）互相连接起来，辅以功能完善的网络软件（协议），实现网络资源共享和信息传递的系统。计算机网络向用户提供的重要功能有两个，即连通性和共享性。连通性就是计算机网络使上网用户之间可以交换信息，好像这些用户的计算机都可以直接彼此连通一样。共享性即资源共享，可以是信息共享、软件共享，也可以是硬件共享。

1946 年，世界上第一台计算机 ENIAC 在美国研制成功，其主要用途是进行导弹计算。20 世纪 90 年代，欧洲科学家提出了万维网（WWW）的设想，这意味着网络中不再只有枯燥的数字和文本，还有加入了图片和声音等多种形

① 赵毅衡．符号学：原理与推演［M］．南京：南京大学出版社，2011：123.

式的信息。网络的使用也变得十分简单，网络中的信息可以实现相互连接。在信息传播的世界里，互联网起到越来越重要的作用。互联网改变了传统媒体的存在方式。

很多广播电台建立了自己的频道网站，如中央人民广播电视总台创办了“央广网”，这是中央重点新闻网站，以独家、快速原创报道闻名，以音频收听为特色，打造新闻门户，成为优势突出、特色鲜明的多媒体集群网站。电视频道也建立了自己的网络电视平台，如湖南卫视建立了“芒果 TV”网络平台，浙江卫视建立官方网站“蓝天下”等。

互联网的发展使人们接收新闻信息的途径不再局限于纸媒，网络媒体总能在第一时间发布各类新闻，主流的新闻网站受到人们的高度关注，并具有很大的影响力。表 4–1 列举的是国内部分具有新闻影响力的新闻网站。

表 4–1　国内部分具有新闻影响力的新闻网站

网站名称	网站特色
人民网	《人民日报》建设的大型网上信息发布平台，也是互联网上最大的中文和多语种新闻网站之一。以新闻报道的权威性、及时性、多样性和评论性为特色，在网民中树立起了“权威媒体、大众网站”的形象
新华网	由党中央直接部署，国家通讯社新华社主办的中央重点新闻网站主力军，是党和国家重要的网上舆论阵地，在海内外具有重大影响力
凤凰网	凤凰网 24 小时提供国内、国际重大新闻资讯，每天发布财经、房产、汽车、军事、历史、文化、教育、娱乐、时尚、亲子等数万条新闻
中国日报网	集新闻信息、娱乐服务为一体的综合性新闻媒体网站。日访问量达 5200 万人次，服务于国内外主流中高端读者群，备受海内外各领域高层次读者青睐，是沟通中国与世界的网上桥梁
央广网	是中央重点新闻网站，以独家、快速原创报道闻名，以音频收听为特色，将打造为新闻门户，成为优势突出、特色鲜明的多媒体集群网站
央视网	由中央广播电视总台主办，为国家重点新闻网站，是集新闻、信息、娱乐、服务为一体的具有视听互动特色的综合性门户网站
中国新闻网	是知名的中文新闻门户网站，也是全球互联网中文新闻资讯重要的原创内容供应商之一。依托中新社遍布全球的采编网络，每天 24 小时面向广大网民和网络媒体，快速、准确地提供文字、图片、视频等多样化的资讯服务

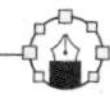

进入 21 世纪，互联网发展更加迅猛。Web 2.0 的概念随之产生，通过博客、社区交友网站、信息分享网站、视频分享网站、百科网站等渠道，互联网传播的内容因为用户的参与而产生，形成了个性化、多元化的内容。传播符号的使用也呈现出多元化、个性化的特点。例如，网络语言就是充满个性化和创新性的表达符号。它不再是纯粹的文字表达，而是糅合了数字、字母、谐音文字、象形文字等符号。移动互联网的产生，促进了以手机媒体为代表的新媒体的快速发展。新媒体是指采用网络技术、数字技术、移动通信技术进行信息传递与接收的信息交流平台，包括固定终端与移动终端。新媒体可定义为新的技术支撑体系下出现的媒体形态，依托现代化、电子化手段，实现个体与个体之间、点对点之间信息的输出与接收。新媒体如数字杂志、数字报纸、数字广播、手机短信、微博、微信、移动电视、网络、桌面视窗、数字电视、数字电影、触摸媒体等都离不开互联网技术。

可以预见，随着技术不断创新，新技术将带动互联网应用边界不断扩张。

二、VR 技术

VR 是 virtual reality 的英文首字母缩写，中文译为虚拟现实，它是一种计算机仿真系统，详细地说，就是通过对虚拟世界的创建，将多种信息融合于同一环境中，让用户以自身视角与环境中的信息进行互动，从而获得沉浸式的体验和感受。虚拟现实技术又称“灵境技术”“虚拟环境”“赛博空间”，简称 VR 技术。

VR 技术是一种综合应用计算机图形学、人机接口、传感器以及人工智能等技术，制造逼真的人工模拟环境，并能有效地模拟人在自然环境中的各种感知的高级的人机交互技术。虚拟现实系统包含操作者、机器、软件及人机交互设备四个基本要素，其中机器是指安装了相应的软件程序，用来生成用户能与之交互的虚拟环境的计算机，计算机内含存有大量图像和声音的数据库。人机交互设备则是指将虚拟环境与操作者连接起来的传感与控制装置。人机交互设备将视觉、听觉、触觉、味觉、嗅觉等各种感官刺激传达给操作者，使人的意识进入虚拟世界。

虚拟现实具有沉浸感、交互性、构想性特征。沉浸感是指用户可以感受到其作为主角存在于模拟环境中的真实程度；交互性是指参与者对虚拟环境内物体的可操作程度和从环境中得到反馈的自然程度；构想性是指用户沉浸在多维信息空间中，依靠自己的感知和认知能力全方位获取知识，发挥主观能动性，寻求解答，形成新的概念。

VR 技术的优点在于其改变了人与计算机之间的互动枯燥、生硬和被动的现状，给用户提供了一个趋于人性化的虚拟信息空间。虚拟现实的出现，将人们从纷繁复杂的数据中解放出来，这种形式是传统表现方式无法比拟的，它给人们提供了一个崭新的信息交流平台。从符号的角度而言，VR 技术提供了虚拟仿真的时空场景，体现了符号的象似性。

三、AI 技术

人工智能（artificial intelligence），英文缩写为 AI。AI 技术原理是通过使用人脸关键点检测、人脸特征提取、人脸重构、唇语识别、情感迁移等多项前沿技术，并结合语音、图像等多模态信息进行联合建模训练后，生成与真人无异的 AI 分身模型。

2018 年 11 月 7 日，第五届世界互联网大会开幕式在浙江乌镇举行，搜狗携手新华社发布了全球首个“AI 合成主播”。只需要提供文字，“AI 合成主播”就能像真人主播一样声情并茂地播报新闻。“AI 合成主播”背后依托的是搜狗人工智能的一大核心技术“搜狗分身”。搜狗分身技术既是开发 AI 合成主播的基础，也是搜狗人工智能的核心技术之一，它基于语音智能合成和形象智能合成两大引擎，能够利用搜狗的 AI 技术，从图像表情、声音形态、语言习惯、逻辑思维等层面对 AI 进行拟人化训练，从而生成高度逼真的 AI 形象或 AI 分身，帮助人类提高信息表达和传递的效率。这项技术可以让机器以更逼真自然的形象呈现在用户面前，而不是冷冰冰的“机器人”。

从 2020 年开始，央视网数字虚拟小编“小 C”就活跃在两会报道中。虚拟小编小 C 的背后是百度智能云提供的全面的、平台化的数字人技术和云计算技术，百度的算法优势在虚拟小编身上得到了充分体现。百度业内首创性地使用了 4D 扫描技术来进行高精度面部数据采集，并运用 AI 技术对人像驱动绑定进行了反复的迭代调优。百度精心设计的轻量深度神经网络模型，能够实时生成数字人的口型、表情、动作，口型准确率接近 99%，效果真实、自然。实际上，百度的这套数字虚拟人技术还拥有文本驱动、语音驱动、普通 RGB 摄

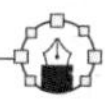

像头面部驱动、深度摄像头面部采集驱动共四种驱动方式。其中，文本驱动还支持中英文输入，以及文本转合成语音驱动，在文字输入中还可以插入表情、动作控制命令语音驱动。该技术还支持真人声音和合成声音输入，并“掌握”多国语言，支持汉语、英语、法语、德语、俄语、日语、韩语、西班牙语等多语种输入。

目前，AI 数字虚拟技术正不断创新和融合，努力朝着智能化、个性化的路径发展，用 AI 技术为新闻传播业创新赋能已成为现实。

四、大数据技术

数据能成为一个热门的传播符号，这与大数据技术密不可分。

大数据是指无法在可承受的时间范围内用常规软件工具进行捕捉、管理和处理的数据集合，是需要新处理模式才能具有更强的决策力、洞察发现力和流程优化能力来适应海量、高增长率和多样化的信息资产。

在维克托·迈尔–舍恩伯格（Viktor Mayer–Schönberger）和肯尼斯·库克耶（Kenneth Cukier）编写的《大数据时代：生活、工作与思维的大变革》中，大数据是指不用随机分析法（抽样调查）的捷径，而是采用所有数据进行分析处理。大数据的“5V”特点包括 volume（海量）、velocity（高时效）、variety（多样）、value（低价值密度）、veracity（真实性）。

在大众传播中广泛存在大数据，大数据可以改变新闻采编方式。大数据技术使新闻生产由先前的新闻专业人员延伸到大数据技术人员。采访写作可以通过数据的采集和分析来完成。记者只要在采访过程中随时录下所需的音频数据，并且在音频数据末尾输入特殊的“符号”，其后通过专业的数据抓取平台提取相关数据并加以分析，由计算机后台按照一定的编写模式撰写稿件，在得到记者确认后提交稿件库。大数据能使新闻报道的准确性和科学性大幅提高；还能通过对庞大的数据库进行分析、整合，预测出媒介的市场需求、受众的喜好、大众传播的效果；还能使新闻的呈现发生变化，数据的可视化是其主要表现。例如，今日头条很好地利用大数据技术，在很短的时间内分析受众阅读行为、地理位置、职业、年龄等，计算出用户兴趣，实现信息精准推送。

五、云计算

云计算概念是由谷歌公司（Google Inc.）在2006年正式提出来的。云计算的目的就是把计算能力变成像水电等一样的公共服务，可以随用随取，按需使用。目前业内对云计算还没有特别统一的定义，根据美国国家标准与技术研究院（NIST）定义，云计算是一种新型模式，它将计算任务分布在大量计算机构成的资源池上，使各种应用系统能够根据需要获取计算能力、存储空间和信息服务。

云计算的核心技术是虚拟化，所谓虚拟化是将硬件、操作系统和应用程序一同装入一个可迁移的虚拟机文件中。云计算以虚拟化为基础，采用分布式计算和存储，结合优化的硬件，通过集群化运维管理系统，实现计算、存储、网络等资源的动态分配及部署，真正实现“按需取用”。虚拟化能通过资源共享和分时共享技术提高系统资源利用率。

电视新闻直播节目如果继续保持当前的优势地位，就必须融合云计算技术。电视新闻节目的生产、直播（或重播）原本单向地由记者拍摄现场素材交给机房制作人员进行后期制作、剪辑，然后在固定时间段播出，观众被动地在相应时间段观看已经不能满足人民群众对媒体、信息日益增长的需求；双向媒体、网络媒体转化是电视新闻传播技术发展的必然趋势，中国中央电视台成立的网络电视台就是对这种转化的探索。三网融合之后，云计算更是必不可少 。

2018年11月，首届中国国际进口博览会上，新华社首次将“现场云”与媒体大脑“智能生产平台”相结合进行新闻产品智能化生产，开幕不久便产出390多条短视频，仅在新华社客户端发布的视频浏览量就接近2000万人次。在首届中国国际进口博览会上，新华社联合13家媒体，运用“现场云”移动采编平台，让媒体记者边走边拍边发。据悉，这是媒体智能化真正意义上的现场秀。

六、5G技术

第五代移动通信技术（5th generation mobile communication technology，5G）是具有高速率、低延时和大连接特点的新一代宽带移动通信技术，5G通信设施是实现人机物互联的网络基础设施。5G通信技术是目前阶段最先进、

信息传输速度最快的通信技术，也是对传统移动网络技术的历史性突破和颠覆。5G 通信技术是基于传统蜂窝网络展开的，但却又远高于传统移动网络的数据传输效率，其信息传输速度最高可以达到 10 Gbit/s，具有高带宽、低延时的特点。此外，5G 还具有与前几代通信技术所不同的开放性，能够与移动智能终端、电视 PC 端等设备进行互联，从而为其大范围应用创造了可能。在 5G 时代，超清视频、增强现实（AR）、虚拟现实（VR）等全新形式的传播途径都能应用于新闻传播领域，并对其发展产生深远影响。

2019 年 6 月，中华人民共和国工业和信息化部向中国电信、中国移动、中国联通、中国广电发放了 5G 商用牌照，说明我国正式迈入了 5G 时代。

移动通信延续着每十年更新一代技术的发展规律，已历经 1G、2G、3G、4G 的发展。每一次代际跃迁，每一次技术进步，都极大地促进了产业升级和经济社会发展。从 1G 到 2G，实现了模拟通信到数字通信的过渡，移动通信走进了千家万户；从 2G 到 3G、4G，实现了语音业务到数据业务的转变，传输速率成百倍提升，促进了移动互联网应用的普及和繁荣。媒介技术的每一次变革，同样也给媒介形态和传播方式带来了新的改变，大众传播符号随着媒介技术发生了相应的变化，具体如表 4–2 所示。

表 4–2　大众传播符号的变化

通信技术时代	大众传播符号	符号属性
1G 时代	语音	一维信息
2G 时代	语音 + 文字	一维信息
3G 时代	语音 + 图文	二维信息
4G 时代	图文 + 影音	二维信息
5G 时代	图文、音视频、虚拟	仿真性的三维信息

人类在信息传播中一直遵循着一条不断追求尽可能将“真实”的环境、事件和人物“原封不动”或者“更加生动”地传递给信息接收者的路径。从文字到图像，到视频，到直播。视频、电影、电视和图片、表情包等在信息传播中受到人们喜爱，是人们不断追求信息传播仿真性的表现。这也由于其形象逼

真，能降低解码的难度。陆高峰在《畅想 5G：传媒业新的机遇和挑战》中提出，5G 是更加仿真甚至超真实的传播。5G 时代信息传播最大的变化将会是“由以平面信息传播为主向以立体信息传播为主转化”。所谓平面信息传播，主要是以声音和文字为主的“一维信息”和以图画和影音为主的“二维信息”。这类平面信息的仿真程度相对较低。受众对信息真实性的还原需要根据各自的生活实践和知识积累并借助想象来完成。由于不同的人经历不同，对一维信息和二维信息这样的平面信息进行立体化的还原能力和还原程度均有很大差异。信息接收和还原相对费时费力，特别是声音和文字这样的一维信息，解码起来就更加困难，同时也会因为编码者能力和知识的差异产生“噪音”和“耗损”导致“失真”，从而进一步影响信息传播的仿真性。5G 技术的发展使新闻行业具有更广阔的发展前景，5G 技术可以承载更高速、更庞大的数据流，从而为传播更大容量、更具有仿真性的立体信息提供可能。所谓立体信息就是以 VR、AR 技术为载体的更加具有仿真性的“三维信息”。这类信息只要具备摄录或直播和接收设备，就可以把非常“逼真”的场景、影像和声音传递出去。传授之间省去了费时费力的信息解码和编码过程，可以实时享受到“超真实”的信息分享效果。①

5G 时代的传媒平台将不再是一个以传播新闻、新知信息和提供娱乐为主的小媒体平台，而是一个集信息、教育、娱乐、购物、医疗、交通和生产等为主的，围绕人类各种生活、工作需求展开的庞大的信息交换平台。

5G 的应用给我们的日常生活带来了极大便利，例如现今非常火的 VR 和 AR 技术在 5G 通信的辅助下全面进入了人们日常的生活中；同时，传统的新闻传播媒体也在 VR 和 AR 技术下以更丰富的方式进入人们的视野中。例如，《人民日报》结合 AR 技术产生的人民视频点播，极大地增强了《人民日报》的影响力。

当然，不能过度夸大 5G 技术的影响。5G 技术本质上是移动互联网时代的一次技术升级。它的主要特点是高速度、低延时和较大的 IP（internet protocol，简称 IP）接入容量。与印刷技术、无线电和计算机技术等原始创新性技术发明不同，5G 只不过是移动互联网体系内部的一次自然的技术迭代革

① 陆高峰．畅想 5G：传媒业新的机遇和挑战 [J]. 青年记者，2019（3）：110.

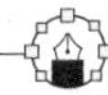

新，本质上不具有颠覆性的意义。从媒介发展的规律来看，尽管在一定时期，新的媒介形态作为新的传播渠道具有一定的影响，但是从长远来看，决定媒介价值和发展的根本性因素仍然是高质量的内容。不管这个内容是文字的、声音的还是影像的，都必须靠内容质量说话。

七、XR 技术

XR 是“扩展范围”（extended-range）的缩写。未来人类的交互方式将由 2D 交互向更具效率的 3D 交互转变。3D 视觉交互系统取决于虚拟现实（VR）、增强现实（AR）和混合现实（MR）的发展，这些技术统称为“扩展现实”。

虚拟现实技术利用头戴设备模拟真实世界的 3D 互动环境；增强现实则是通过电子设备（如手机、平板、眼镜等）将各种信息和影像叠加到现实世界中；混合现实介于 VR 和 AR 之间，在虚拟世界、现实世界和用户之间，利用数字技术实现实时交互的复杂环境。

XR 已经在游戏娱乐、影视直播、智能制造、教育培训，甚至军事、航天等行业多点开花，其中在游戏中用得较多。目前，XR 也开始运用到大众传播中的节目制作。例如，让身在港台的明星与北京的演员同场表演，远程实时领略各地美景等，在 XR 技术的有力支撑下，这些曾经“异想天开”的设想如今正逐渐成为现实。例如，在 2021 年的春晚舞台上，XR 技术的应用一鸣惊人，通过“云舞台”的方式让无法到场的明星“出现”在春晚舞台。在 XR 技术的支撑下，人物、道具与虚拟现实场景实现了完美互动和结合。

综上所述，融媒体时代改变大众传播业态的技术主要有以上几项。这些技术之间并不是彼此孤立的，而是互相渗透、彼此兼容的。例如，5G 技术极大提高了网速，为大数据新闻的产生提供了可能。5G 技术的应用使得媒体和新技术的协调成为可能，催生了很多全新的新闻传播形式，如 VR 直播、AI 虚拟主播等。可以说，互联网、VR、AI、大数据、云计算、5G、XR 技术的发展，改变了报刊、广播、电视传统大众媒体的业态，打破了传统媒体和新媒体之间的界限，促进了不同媒体之间的融合、变革。同时，媒介技术的发展也带来了大众传播符号的变化，传播内容、传播方式、传播效果都发生了很大变化。

第二节　国家对融媒体技术的重视

互联网技术、通信技术的发展正在推动社会持续转型，其中就包括媒体产业向融媒体转型。

一、国家对融媒体技术的重视

国家对融媒体技术的重视可以从近年来国家出台的融媒体政策中看出。2014 年，我国开始推动媒体融合工作，随后几年先后出台了多个有关“媒体融合”的重要政策文件。具体文件名称如表 4–3 所示。

表 4–3　“融媒体”重要文件一览表

发文时间	发文机构	文件名称
2014 年 8 月	中央全面深化改革领导小组（今中央全面深化改革委员会）	《关于推动传统媒体和新兴媒体融合发展的指导意见》
2015 年 3 月	国务院	《三网融合推广方案》
2016 年 7 月	国家新闻出版广电总局（今国家广播电视总局）	《关于进一步加快广播电视媒体与新兴媒体融合发展的意见》
2017 年 1 月	中共中央办公厅、国务院办公厅	《关于促进移动互联网健康有序发展的意见》
2017 年 5 月	中共中央办公厅、国务院办公厅	《国家“十三五”时期文化发展改革规划纲要》
2018 年 11 月	中央全面深化改革委员会	《关于加强县级融媒体中心建设的意见》
2019 年 1 月	中央宣传部、国家广播电视总局	《县级融媒体中心建设规范》
2019 年 8 月	科技部、中央宣传部、中央网信办、财政部、文化和旅游部、广播电视总局	《关于促进文化和科技深度融合的指导意见》
2019 年 10 月	国家广播电视总局	《总局关于创建广播电视媒体融合发展创新中心有关事宜的通知》
2020 年 9 月	中共中央办公厅、国务院办公厅	《关于加快推进媒体深度融合发展的意见》

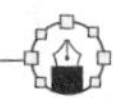

续 表

发文时间	发文机构	文件名称
2020 年 11 月	国家广播电视总局	《关于加快推进广播电视媒体深度融合发展的意见》
2021 年 10 月	国家广播电视总局	《广播电视和网络视听“十四五”科技发展规划》

从上表所列的文件可知，媒体融合已经成为我国的一项重要政策。近十年来，我国一直在发布有关“媒体融合”的政策文件。发文机关不仅仅是国家广播电视总局，还包括中央全面深化改革领导小组（今中央全面深化改革委员会）、中共中央办公厅、国务院办公厅，是最高级别的国家层面的政策。文件内容从“推动”“融合”到“加快推进”“深度融合”；内容有“意见”有“规范”，既有总的指导方向，又有落地的具体举措、要求，媒体融合进程不断推进。媒体融合的初衷正如 2014 年《关于推动传统媒体和新兴媒体融合发展的指导意见》中说的“是适应媒体格局深刻变化、提升主流媒体传播力、公信力、影响力和舆论引导能力的重要举措”，以及“通过融合发展，使我们的主流媒体科学运用先进传播技术，增强信息生产和服务能力，更好地传播党和政府声音，更好地满足人民群众的信息需求”。

国家在通过制定相关政策积极推动媒体融合的同时，对促进媒体融合技术也高度重视。在大众传播中，一直提倡“内容为王”，但融媒体时代，技术和内容同样重要，因为技术是媒体融合的基础和保障，没有技术的支持，融合无从谈起、无法实现。麦克卢汉说过“媒介即讯息”，他甚至认为，真正决定文明历史的是传播科技本身，而不是它的内容，这也侧面证明了技术对媒体发展的重要性。在媒体融合初期，经过媒体发展理念的更新，达成共识是重点，随着媒体融合的落地实施，技术显得更加关键。为此，2019 年 8 月，科技部联合中央宣传部、中央网信办、财政部、文化和旅游部、广播电视总局六部委发布了《关于促进文化和科技深度融合的指导意见》。仔细阅读以上关于融媒体的政策文件，就会发现“技术”是文件里频繁使用的一个语言符号，技术受到高度重视。

例如，2020 年 9 月 26 日，中共中央办公厅、国务院办公厅印发《关于加快推进媒体深度融合发展的意见》。关于技术的运用，该意见提到，要以先进技术引领驱动融合发展，用好5G、大数据、云计算、物联网、区块链、人工智能等信息技术革命成果，加强新技术在新闻传播领域的前瞻性研究和应用，推动关键核心技术自主创新。

又如，2020年11月26日，国家广播电视总局印发《关于加快推进广播电视媒体深度融合发展的意见》。该意见用一个篇章、4条具体意见强调了广播电视媒体融合要强化先进技术创新引领，如加快大数据创新应用、提升核心技术能力、保持对新技术的战略主动等。

再如，2021年10月，国家广播电视总局正式发布《广播电视和网络视听“十四五”科技发展规划》(以下简称《规划》)。《规划》的引言中提到“加快推进媒体深度融合和智慧广电发展，充分发挥科技对广播电视和网络视听高质量创新性发展的引领、驱动和支撑作用”，突出强调了科技对媒体的作用。在《规划》的指导思想、原则和目标、主要任务、保障措施的相关内容中，“技术”成了一个频繁使用的词语，视听技术、高清技术、5G技术、关键技术、技术应用、技术开放、技术更新、技术检测、技术质量、技术服务等，无不围绕“技术”进行阐述。

《规划》的“指导思想”提出，“以科技创新为根本动力，以科技自立自强为战略支撑，以满足人民日益增长的美好生活需要为根本目的，推进媒体融合发展，打造智慧广电媒体，发展智慧广电网络，为建设文化强国、科技强国、网络强国、数字中国贡献广电力量”。

《规划》的“基本原则”提出，“坚持创新思维，充分发挥科技第一生产力作用，加强新技术在广播电视和网络视听领域的前瞻性研究，打造自主产业链，推动科创与文创深度融合，孵化新业态”“加强移动传播技术研究和标准体系建设”“积极应用新技术防范新风险，实现行业发展和安全保障双促进齐发展”。

《规划》的“发展目标”提出，“到2025年，科技创新驱动智慧广电业务能力和服务能力显著提升”“新一代视听技术、信息技术在全行业广泛深度融合应用”“科技支撑得到新提升，科技对行业治理、产业服务、研发服务的支撑能力明显增强，技术规划、政策、标准对行业发展的规范引领作用进一步发挥，科技创新实验室作为‘策源地’‘孵化器’的作用进一步凸显”。

在《规划》的主要任务中，通过 6 大点、24 个小点具体阐述了不同类别的技术规划。具体如表 4–4 所示。

表 4–4　“十四五”融媒体技术规划一览表

技术类别	具体技术	技术应用目标
智慧广电技术体系	VR、AR、MR 和超高清等技术	打造面向媒体宣传服务的智慧广电新业态
智慧广电视听节目技术	超高清视频、多维声、VR、AR、MR、360° 全景视频、全息成像等新视听技术	建立新视听节目的拍摄、制作、存储、播出、分发、呈现全链条技术体系，向用户提供高品质视听服务
高清 / 超高清节目技术	5G、云计算、大数据、人工智能、区块链等新技术、4K/8K 超高清电视技术	推进高新视频技术的发展和在多领域的应用；提升高清 / 超高清节目技术质量，打造全新业态
音频技术	多维声关键技术	推进音频节目高质量发展，满足用户个性化自主选择收听方式的需求
融合媒体云平台技术	智能数据标签与结构化技术、融媒体中心技术	构建融合媒体云平台新格局，形成多元主体参与的内容创作和互动新生态
制播体系技术	IP 技术、人工智能、大数据、区块链技术、5G 网络技术	加快推进制播体系技术升级；创新节目形态，提高制播效率和智能化水平
卫星直播系统技术	卫星传输和卫星直播系统新技术、新型信道编码和高阶调制技术	建设交互卫星广播电视系统
IPTV、互联网服务技术	视听内容版权保护、商用密码等技术、大小屏互动、多屏联动技术，人工智能、大数据分析技术	加快推进 IPTV、互联网电视服务升级；打造基于多角色的内容精准智能服务，提高用户黏性
电视屏智慧化 / 智慧家庭信息终端技术	智能交互、服务智能适配、智能识别增强等技术、视频流化处理技术	推动电视屏智慧化，支持智能家居联动、智能显控等智慧广电业务；打造标准化智慧家庭信息终端
终端云端化技术	终端云端化技术	推动终端云端化软件化，推进终端软硬件系统解耦，支撑业务快速迭代
创新技术	云平台、人工智能、大数据、区块链、高新视频、5G、智能终端等领域的创新技术	提升行业治理科技支撑水平，以先进技术赋能广播电视和网络视听治理能力现代化建设，支撑全行业科技创新发展

从以上统计表可以看出，国家广播电视总局对广播电视和网络视听“十四五”科技的发展规划是层次丰富、内容具体的。既有节目制作的技术，如音频、视频的技术、高清 / 超高清节目技术；也有节目播出的技术规划，如制播体系技术、卫星直播系统技术；还有节目接收的技术，如电视屏智慧化 / 智慧家庭信息终端技术；还有节目存储的技术，如终端云端化技术。技术的规划覆盖了信息采编、制作、播出、接收、存储的全过程。规划不仅从信息传播者的角度考虑，更从受众接收信息的角度考虑，体现了融媒体时代媒体服务意识的增强。规划的最后强调了技术创新，“夯实科技创新基础，构建智慧广电新支撑”部分指出：“推动建立开放、融合、智慧的新型广播电视和网络视听技术体系，引导多元主体参与建立协同化的科技创新生态，激发科技创新活力，自主创新夯实基础，增强创新驱动发展能力。”人类发展的过程就是一个不断创新的过程，从广播、电视、互联网到人工智能、大数据等，技术的创新永无止境。要相信融媒体技术的发展一直在路上，技术的发展将带来媒体的深刻改变。

国家对融媒体技术的重视除了制定政策予以保障外，也体现在国家财政和地方财政的大力支持上。财政的支持让顶层设计的政策予以落地实施。中央宣传部宣布，截至 2022 年 8 月，全国 2585 个县级融媒体中心建成运行，其背后离不开大量的财政支持。

二、关于技术赋能媒体的思考

融媒体时代，先进技术赋能媒体行业新发展。近年来，越来越多的内容平台利用技术赋能内容生产。腾讯视频、爱奇艺、抖音、快手、今日头条等平台，利用新技术为内容创作者提供更多便利，希望可以使创作者将有限的精力更多地投入内容创作。

例如，腾讯视频于 2019 年 7 月发布了“互动视频技术标准”，推出一站式互动视频开放平台。该标准为内容创作者提供了从互动视频理念到创作流程再到使用流程的一系列详细指引，让创作者和开发者能通过互动视频平台实现一站式的互动内容生产、创作、发布和数据监控。

又如，爱奇艺在内容生产、制作、营销等方面加入了诸多新技术，平台可以通过 AI 从各个角度加深对用户喜好的了解。爱奇艺还根据 AI 技术与信息

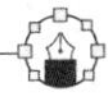

流的结合提出赋能内容创作者的几个维度：从用户在平台上的行为挖掘用户意图；根据关系图谱、搜索指数等标准来加深对内容的理解；利用 AI 了解内容的多个角度，帮助创作者进行内容生产；在内容理解智能技术与推荐算法的大数据分析之下，将创作出的内容精准地推荐给目标用户群体，从而实现生态赋能。

再如，抖音在首届创作者大会中上线了“创作者服务中心”，该中心为创作者提供了数据看板功能，让创作者能够及时掌握作品的反馈情况，以便根据反馈对自己的内容进行优化。抖音平台能够利用画像分析用户的兴趣爱好，进行有针对性的推送，减少对用户的干扰。

从上面三个例子可见，对于技术赋能内容，互联网中的内容平台大多都非常热衷。爱奇艺创始人、CEO 龚宇在“2020 爱奇艺尖叫之夜”活动上表示“希望利用互联网、AI、5G、虚拟现实等技术，使用户获得快乐的成本更低、更便捷”。在“技术 + 娱乐”的主导下，爱奇艺中将以 AI 为核心的技术应用在了内容创作、生产、分发、推荐、变现等链条上的每一步，不仅提高了内容制作效率，还为艺术家和内容行业创作者降低了创作的难度和复杂度。

但人们需要认真思考这样的问题：当技术越来越强大的时候，到底是“技术为王”还是“内容为王”？人们会不会越来越依赖技术平台？

到底是“技术为王”还是“内容为王”？这个问题要回归传播的本质。传播是信息交流、共享的活动。信息是传播的内容，内容才是最重要的，技术再先进也只是辅助手段。技术可以让创作者生产内容的过程更加便捷，让内容更加符合用户的需求，生产出的内容能够通过新技术精准地传递给不同的用户群体。融媒体时代，不同类型的内容平台竞争十分激烈，快速生产内容，增大内容容量很重要，技术可以帮助内容生产者实现快速生产内容。当互联网中内容的数量呈几何级数增长时，用户很容易迷失在信息的海洋中，用户更希望将有限的时间、更多的注意力投入自己感兴趣的内容上去。借助大数据技术实现内容的精准推送，也是时代媒体发展的需要。在流量经济的时代，创作者需要更快地创作出新内容，并且保证这些内容能够及时推送给合适的用户群体，满足这些条件，创作者和平台的盈利空间才会不断增加。技术在满足这些条件的过程中能够起到极为重要的作用。

但技术赋能要掌握好“度”，并不能一味地崇拜技术，以“技术为王”，而忽略内容本身的发展。信息传播，从来都离不开内容与形式的相辅相成。融媒体环境下，所有的技术手段运用，最终还是为了信息内容传播的准确、快捷、丰富、多彩。正如《关于推动传统媒体和新兴媒体融合发展的指导意见》中强调“推动媒体融合发展，要将技术建设和内容建设摆在同等重要的位置”“不断提高技术研发水平，以新技术引领媒体融合发展、驱动媒体转型升级。同时，要适应新兴媒体传播特点，加强内容建设，创新采编流程，优化信息服务，以内容优势赢得发展优势”。所以，正确的态度应该是“技术为先，内容为王”。机械化地快速生产内容，会使内容同质化，千篇一律的内容最终也会丧失受众的关注度。现在很多平台充斥着海量的内容，但优质内容不多。没有优质内容，平台的吸引力就不足，最终可能被竞争激烈的市场抛弃。原创内容、深度报道、调查性报道、独家视角、独家观点永远具有独特的价值和魅力。所以，近年来，很多平台出台了扶持原创内容的计划。例如，国家广播电视总局的“原动力”中国原创动漫出版扶持计划、咪咕动漫的中国原创手机动漫创业计划、今日头条的“千人万元”计划、百度百家号的“原创保护计划”、阿里大鱼号的“大鱼计划”。

总之，在融媒体时代，“技术为先，内容为王”。重视融媒体技术，关注新技术、熟悉新技术、运用新技术是十分必要的，但内容依然是真正的“王道”。大众传播要想真正发挥应有的传播力、公信力、影响力、引导力，必须坚持以内容建设为根本。

第五章　从 VR 新闻看虚拟场景传播符号

第一节　VR 新闻概述

随着互联网和移动设备的不断发展，VR、大数据、物联网等各种新兴技术相继出现，改变了人们传播信息、获取信息的方式和手段。VR 新闻，也可称其为虚拟现实新闻或沉浸式新闻，简单地说，VR 新闻就是借助 VR 技术制作和呈现的新闻形态。关于 VR 新闻的概念，最早是由美国传播学者诺妮·德拉佩纳（Nonny de la Pena）正式提出，她是西方 VR 技术的重要引导者，也是早期新闻和 VR 技术相结合的探索者和实践者。她以"沉浸式新闻"一词定义利用 VR 技术制作和传播的新闻内容。VR 新闻就是一种使受众在新闻故事或场景中获得第一视角体验的新闻生产方式。在 VR 新闻提供的拟态环境中，受众在新闻事件中扮演着与以往不同的身份，开始从旁观者转换为目击者甚至当事人，受众通过自主选择的线索出发对新闻事件进行主观性的了解，多种感官在 VR 新闻中得到了延伸，并且在与场景进行互动交流的过程中获得了沉浸式的传播效果。

VR 新闻是一种采用 VR 技术进行融合创新的新闻形式，它强化了受众对新闻场景的感官体验，改变了受众与新闻之间交流互动的关系和方法，重塑了新闻内容生产的方式和手段。"VR+ 新闻"模式，不仅对新闻的传播形式进行了创新，而且也给新闻行业的整体发展带来了巨大影响。

2013 年，在美国传媒巨头甘耐特集团（Gannett Co.）旗下的《得梅因纪事报》推出了《丰收的变化》（*Harvest of Change*）新闻报道，它采用了VR技术与游戏、新闻内容等元素相结合的方式，经历了长达3个月的时间才制作而成，是一种大型解释性VR新闻。在《丰收的变化》新闻报道成功推出的同时，也开创了新闻信息采用VR技术的先河。《纽约时报》《英国卫报》《华盛顿邮报》等多家国外新闻媒体纷纷开始接纳VR新闻这种新兴的报道形式，并且积极探索其在新闻中的创新应用。国外媒体对新闻的实践，为我国VR新闻的发展提供了宝贵的经验，发挥着极为重要的促进作用。

2015年，发生了“东方之星”客船倾覆事件，《新京报》的新媒体中心大胆创新，以此事件为题材，制作并发布了国内首个VR新闻，这也成为我国新闻传播领域中具有重要意义的转折点。随后，我国在VR新闻的技术研发、信息传播以及实践应用等多个方面倾注了大量的精力。

2016年“VR+”的模式风靡一时，VR技术逐渐涉及游戏、医疗、教育、购物、新闻、综艺等众多领域，因此2016年被称作“VR技术元年”。尤其以2016年为重要的时间节点，陆续出现了许多不同题材的全景式VR新闻，例如，央视新闻频道和综合频道推出《筑梦天宫》VR新闻报道；2016年，新华网在两会期间推出《人民大会堂巡游》；2016年，财新网发布了“深圳山体垮塌事故”VR新闻专题报道，陆续发布了《带你“亲临”深圳滑坡救援现场》《深圳垮塌事故现场黄金72小时营救》《深圳垮塌事故救治医院探访》系列VR新闻；2016年，由重庆报业集团打造的上游新闻客户端首次推出了VR频道，设置专栏发布VR新闻；2016年，爱奇艺率先宣布打造属于自己的VR新闻，并在爱奇艺App上开设VR新闻专区。随后，2019年2月19日，CCTV央视新闻客户端正式推出VR频道，荟萃央视新闻VR精华报道；2021年10月19日，在2021世界VR产业大会云峰会上，人民日报新媒体联动百度VR打造“复兴大道100号”线上VR展馆，被本届大会评为“中国虚拟现实产业重要成果”；2021年，中央广播电视总台将“5G+VR”融合制播关键技术应用到《春节联欢晚会》等大型活动节目制作中。

截至2022年，开设VR频道的媒体平台有：①央视网VR频道，https：//news.cctv.com/yuanchuang/VR/index.shtml；②中国网虚拟现实VR新闻频道，http：//news.china.com.cn/node_7237474.htm；③中文VR资讯网，http：//cnvrnews.com/；④爱奇艺VR频道，https：//vr.iqiyi.com/；⑤新浪VR网

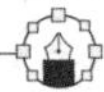

站，https://vr.sina.com.cn/；⑥新华网VR/AR视界，https://xinhuanet.com/vr/vrarsjlist.htm。

可见，VR新闻成了当下新闻生产的热门。2021年12月3日，国家广播电视总局发布《VR视频系统节目制作和交换用视频参数值》这一项广播电视和网络视听行业标准的通知（广电发〔2021〕71号）。

这些采用VR技术的新闻报道为受众提供了观看新闻的新方式，为传媒业提供了新闻传播的新思路。在媒体融合背景下，VR新闻在媒体融合方面进行的改变和重塑所呈现出的新形式、新特点，受到新闻传播业界的广泛关注和讨论。

第二节　VR新闻的虚拟场景传播符号

VR新闻是融媒体时代VR技术发展的产物，从VR新闻中人们可以看到其传播符号呈现多元化、立体化、虚拟化的特征，其中营造虚拟场景是其最大特色之一。

一、VR新闻中传播符号的特征

在传统的媒体中，受众通过大众传播媒介获知新闻，如果是看报纸，传播符号主要是文字，加上新闻图片；如果是听广播，传播符号主要是语言；如果是收看电视，传播符号主要是音视频。不同类型大众媒介的传播符号各有区别和侧重，呈现出鲜明的媒介特征。传统新闻中文字、图片、音频、视频等传播符号，在报纸、广播、电视、手机、电脑等媒体中以扁平化样式进行传播。

在VR新闻中，传播符号是融合运用的，呈现多元化、立体化、虚拟化的特征，共同构成一个有意义的符号系统，这反映了索绪尔提出的符号系统论。索绪尔是语言学家，也是现代符号学的创始人，他认为符号必须依托系统才能表达意义。他在《普通语言学教程》中表达了系统的重要性。他认为，系统中单个符号的价值或意义只有在整个符号系统中才能得到表达，不纳入系统的符号是没有价值和意义的。在各种各样的媒介表现形式和内容中，如果不借助系统，人们就无法理解媒介形式和内容所表达的意义。

VR 新闻将文字、图片、音频、视频、超链接等多种传播符号放置于全景平台中，利用场景体验的方式呈现出全方位、多层次、多角度和立体化的新闻场景，受众可以滑动屏幕，或是在佩戴 VR 眼镜时转动头部来了解新闻事件。在传统媒体中，语言文字是传达信息的重要传播符号，但在 VR 新闻中，文字只是起到一种辅助说明作用。传统新闻图片强调真实但也受制于现实，视野受限，而 VR 新闻中的图片可以是全景图片、仿真图片或是 3D 模型图。并且在 VR 新闻中的传播符号不是“单兵作战”，而是多种传播符号“协同作战”，每一个有差异性的传播符号无论是真实的还是虚拟的，它们都成为新闻文本意义的符号资源，共同构成一个有意义的符号系统，共同表达着新闻的意义。

二、VR 新闻中具体的虚拟场景传播符号

在阐述 VR 新闻中的虚拟场景传播符号之前，先看一个案例。

“复兴大道 100 号”线上 VR 展馆。2021 年为庆祝中国共产党成立 100 周年，由人民日报新媒体精心打造，百度提供技术支持，打造了“复兴大道 100 号”线上 VR 展馆。展馆以场景化、沉浸式体验展现百年间中国人民在中国共产党带领下逐渐实现富民强国之梦的伟大历程。在这条复兴大道上，“时光长廊”“初心纪念馆”“峥嵘岁月”“奋斗一厂”“富民大街”“追梦新时代”“逐梦太空”等一系列场景通过老物件还原了百年间的大事件，通过光影让观众感受时代变迁，让更多国人对百年辉煌历程感同身受。百度凭借行业领先的景深漫游能力，将 3D 模型、全景图片、普通图片、音乐、视频等通用素材混合编辑。

（资料来源：光明网，2021-7-5）

轻触屏幕，观众们可以在“初心纪念馆”中重温建党初期的艰辛与坚定；在“峥嵘岁月”中感受革命炮火的轰鸣；在“岁月回忆室”里重温延安窑洞时光；在“奋斗一厂”中投身建设热潮；在“富民大街”上感受改革开放以来生活欣欣向荣的欢愉；在“追梦新时代”中感受新时代中国日新月异的发展；在“逐梦太空”中共赏“火星日出”；在“誓言有声”中抒发所感所想……

在这个案例中，由百度 VR 提供技术支持的智慧党建活动，通过文字、视

觉、听觉等传播符号的全方位、立体化运用，打破了传统体验式红色教育的时空限制，创造了虚拟的场景，真实再现不同历史时期红色革命的具体场景，让受众身临其境、感同身受，更加深刻地理解党史及党的精神，起到大众传播的“强效果”。

虚拟场景是VR新闻中十分独特的传播符号。VR新闻能够创造性地融合多种媒介要素与信息形态，将新闻内容与符号相互融合，360度立体式地将新闻场景呈现出来。在全景化的场景中，一方面，VR新闻全方位地融合了视觉、听觉、触觉等多种感官体验，使得传播内容具有可见、可听、可感等多层面的传播效果，为立体式新闻场景的打造提供了基础性条件；另一方面，VR新闻在构建的拟态环境中融合了多种媒介元素，通过元素之间的结合与转换，立体式地展现逼真的新闻现场。因此，近年来VR新闻受到人们热捧。媒体精心制作的VR新闻因其逼真的虚拟场景，很容易引发受众的情感共鸣和认同感。以下案例中的VR虚拟场景给全国受众留下了深刻印象，取得了很好的传播效果。

2019年1月，《人民日报》客户端推出“VR带你走进政治局集体学习现场”VR新闻，以全景的形式展现《人民日报》数字传播公司、人民日报“中央厨房”、人民日报新媒体中心、全媒体播控中心四个场景。每个场景中设置了多个触点，点击即可看到中央政治局第十二次集体学习在相应位置的画面。该则VR新闻创新地将视频、图片、文字与VR场景相结合，借助手机的陀螺仪传感器，增加了拟态场域内的交互性信息，更加突出新闻的现场感。

2020年3月，武汉樱花如期开放，为了减少不必要的人员聚集，新华社、武汉大学、中国移动联合打造全球首次5G+VR“云赏樱”，让受众真切体验樱花盛开的盎然春色。从3月16日至25日每天上午10时至下午4时，实时呈现武汉大学樱花盛放的美景。本次5G+VR樱花云直播以七路视角全方位展现镜头下的武汉大学樱花之美，覆盖学生会顶楼、马院顶楼、鲲鹏广场、樱花大道、人文路等多个赏樱打卡景点。此次VR直播以最完美的赏花角度与大家共同“云”赏武汉大学樱花迎春开放的盛景，感受美和温暖，传递生机勃勃的社会正能量。

2021年4月10日，央视网推出了“VR全国樱花大赏”新闻，以“VR全国樱花大赏，带你看樱樱子云出道”为题，展示了全国东、西、南、北、中几个城市樱花盛开的场景：

云南昆明——圆通山樱花潮，航拍圆通山樱花潮

福建漳平——永福樱花茶园，樱花与茶山交相辉映

北京玉渊潭公园——“一园多点”的赏樱格局

武汉东湖——樱花园夜赏樱花，别有风味

江苏南京——鸡鸣寺樱花，最美樱花大道、金陵古迹与樱花融为一体

同是樱花，地域不同，盛开的时间不同，樱花所形成的风景也各具特色。樱花演绎着春光无限好，让人感到赏心悦目、美不胜收！

2022 年 3 月 4 日，央视网推出“VR 全景走进冬奥文化广场，感受‘双奥之城’魅力”新闻，在雪花飞舞中，观众随着 VR 镜头先后走进：丰台区冬奥文化广场（莲花池公园）、西城区冬奥文化广场（金中都公园）、通州区冬奥文化广场（运河文化广场）、石景山冬奥文化广场、东城区冬奥文化广场（地坛公园）、朝阳区冬奥文化广场（奥林匹克森林公园），游览北京城的公园，体验桌面冰球、旱地冰壶、VR 滑雪冰雪运动，了解冬奥知识、感受非遗魅力。

以上所选的只是 2019 年到 2022 年的四则 VR 新闻。随着 VR 技术的发展，VR 新闻越来越受到新闻媒体的重视。例如，央视网开辟了 VR 频道，设置了“VR 暖故事”“VR 大事件”“VR 任意门”“VR 大突发”栏目，生产各类 VR 新闻节目。在 VR 新闻中，观众看到的不仅仅是平面的文字、图片，而是 VR 技术带来的真实、立体的场景。观众不仅动用了视觉，更触动了感觉，VR 技术营造了逼真的场景感。从静态的传统图文新闻，到动态的电视新闻，再到立体逼真的 VR 新闻，新闻传播的符号正悄然发生着改变。

从传播符号的类型看，虚拟场景属于象似性符号，象似性符号是指符号临摹现实世界中的客体。“每种语言的句法，借助约定俗成的规则，都具有合乎逻辑的象似性”[①]。针对语言的象似性，很多语言学者经过研究论证，认为语言的象似性表现为映象象似和拟象象似。相对于语言符号来说，非语言符号的象似性表现得更加明显。舞蹈、图像、绘画、雕塑这些视觉性非语言符号，它们与现实之间的象似性显而易见。例如，舞蹈就是人对自然动态形象、动物动作

① 沈家煊．句法的象似性问题 [J]. 外语教学与研究，1993（1）：2-8.

习性的模仿。而听觉性非语言符号如叹息声、鼓声、口哨声、乐声等，往往与大自然的声音和人类情感相似。非语言符号的象似可象形、可象声，象似不一定是图像，它可以是任何感觉上的。常见的象似符号是视觉上的，视觉之外还有听觉、嗅觉、味觉、触觉。虚拟场景通过文字、图片、音频、视频、超链接等多种传播符号的共同作用，给受众“沉浸其中”的逼真感觉。

三、虚拟场景符号对传播效果的影响

VR 技术营造的虚拟场景符号对新闻传播效果的影响主要体现在以下几个方面。

1. 带来“沉浸式体验”，能够突出新闻的现场感

VR 技术营造了虚拟场景，可以为用户带来“沉浸式体验”。所谓“沉浸式体验”是指用户进入新闻现场中，产生新闻事件发生时的真实感受，如视觉、触觉、味觉等感受。VR 技术在还原新闻现场画面时，可以为用户提供真实的新闻场景以及主观感受，这就有助于为用户带来“沉浸式体验”。“沉浸式体验”是受众的个性化体验，其赋予了受众选择与理解信息的主动权，放大了受众对于新闻事件的情绪，使受众对新闻当事人形成情感共鸣和认同感，从而取得较强的传播效果。

在传统大众传播媒介中，受众“听”新闻、“看”新闻、“读”新闻。在 VR 新闻中，受众以第一人称视角“身临其境”感知和体验新闻，虚拟现实技术手段打造的沉浸式新闻，颠覆了人们获取新闻的方式。VR 新闻中新闻信息传播的重点不在于营造虚拟时空，而在于虚拟场景带给受众的感觉。正如麦克卢汉所说的，“媒介是人体的延伸”，作为媒介的一切技术都是为肉体和神经系统增加力量和速度的延伸。[①] 麦克卢汉在对媒介的分类上还提出了两个著名的概念——“热媒介”和“冷媒介”，其划分的依据就是媒介所提供信息的清晰度及受众在信息接收过程中的参与程度。可见，麦克卢汉十分重视信息接收过程中受众感官的参与。

VR 新闻打破了虚拟世界与现实世界之间的界限，利用新兴技术还原新闻现场，并以沉浸式传播的方式满足受众的需求。受众在体验 VR 新闻的过程

① 麦克卢汉．理解媒介：论人的延伸 [M]．何道宽，译．北京：商务印书馆，2000：100.

中，以特定的虚拟身份阅读和探索新闻事件，并通过交互性信息与其他虚拟角色产生联系。

2. 可以提升新闻传播的真实性

VR 技术可以在很大程度上提升新闻传播的真实性。很多新闻事件具有突发性，记者很难做到第一时间出现在新闻现场，特别是灾难性新闻事件往往是在瞬间发生的，这就使得新闻报道具有一定的滞后性及主观性。VR 新闻可以借助 VR 技术还原真实的新闻场景，真实地还原事件的发生过程，并且实现与用户之间的互动，进而帮助用户在互动过程中获得更加真实的感受。例如，财新视频团队在运用 VR 技术报道深圳山体垮塌事件时，从周边项目、垮塌现场、灾民生活、营救过程、医院探访等六个角度予以报道，陆续发布了《带你“亲临”深圳滑坡救援现场》《深圳垮塌事故现场黄金 72 小时营救》《深圳垮塌事故救治医院探访》系列 VR 新闻。受众以第一人称视角体会灾难现场的环境和营救过程，场域内的各类信息呈现得十分逼真，大大提升了新闻传播的真实性。

3. 能够改变新闻传播与叙事模式

在传统媒体时代，新闻报道的产生主要是按照特定的信息采集渠道、制度化的信息把关和传播机制，由专业且训练有素的新闻工作者生产。受到传统媒介属性的影响，新闻报道主要由媒体向受众单向地传播信息，受众作为一个被动的接收者，接触到的信息有较大的局限性。传统媒体之下的新闻传播模式属于单向线性传播模式，单向线性传播模式是由现代传播学的奠基人之一拉斯韦尔提出的，其内容是信息由传播者发出，通过一定的传播渠道或媒介，传达给受众，最后取得一定的传播效果。VR 新闻以直观的形式进行传播，突破了文字、图片、音视频等传播符号的局限性，通过打造虚拟化新闻场景，汇聚多种传播内容于一体。VR 新闻的场景再现能力使它具有较高的传播效率，从而能够高效、较完全地传递信息，这也是其他媒介无法比拟的优势。VR 新闻摆脱了有限传播内容的束缚，能够自由地传达更多形式、更多数量的信息内容，并不断满足受众对不同媒介内容的集合式需求。VR 新闻信息的传播模式不再是单向线性传播模式，而是变为循环互动模式以及讯息寻求模式。传播的循环互动模式是由传播学者奥斯古德（Osgood）和施拉姆（Scrhamm）共同提出的，该模式强调了信息传播的互动性，主要讨论传播过程中主要行为者的活动。信息寻求模式是英国学者多诺休

（Lewis Donohew）和蒂普顿（Leonard Tipton）在 1973 年提出的，其主要观点是人们在寻求信息时始于对某种信息的关注，然后便根据个人经验、自我评价和目标找寻对应信息。受众在接收 VR 新闻信息时，可以根据自己对新闻信息的兴趣或需求，搜索、点击进入相关的场景，获取新闻信息。

不同传播媒介下的信息内容，经过技术的转换与应用，打破了信息内容领域、形态、特征的限制，增加了信息的丰富性和层次性。由于 VR 技术可以将不同的信息形式集合于一则新闻报道中，融入新技术的新闻得以按照全新的叙事线索传达场景中的各类信息。例如，2019 年 1 月，《人民日报》发布的《VR 带你走进政治局集体学习现场》中，多种媒介传递的信息通过超链接的形式相互连接，并共存于一个 VR 新闻之中，使新闻场景画面更加立体，信息层次更加鲜明，信息的关联更加明显。在这种新闻场景中，受众扩展了知晓新闻的思路，根据已知的新闻背景，主动探索多方面的细节信息，并将新闻信息进行组合后加以理解与思考。可以说，VR 新闻提供了全新的叙事模式，新闻事件不再呈现孤立状态，通过 VR 新闻中“超文本”的信息传播语言，受众可以站在多个立场，从不同的角度对新闻事件展开全面思考。

VR 技术能够丰富传播手段，突破以往传播技术对传播内容的限制。随着技术的不断发展，人们得以运用的传播渠道不断增多，丰富了传播的内容与形式。根据传播的现实需要，传播者可以选择使用不同的媒介，让技术服务于内容，从而提高整体的传播效果。VR 新闻在内容与符号的融合中，最终实现了信息价值的提升。

VR 新闻的虚拟场景符号对传播效果的影响也存在一些不足之处。首先，VR 技术如果运用不当，其本身的虚拟性会对新闻信息背后的事实造成威胁。VR 新闻呈现的内容和方式具有可人为操控性，仍然存在把关人对信息的选择与过滤。新闻事件的其他重要信息以及立场，容易被受众忽视。其次，虚拟场景制作不易，时效性较差。目前为止，VR 新闻选题主要是重大的国内、国际事件以及与人们生活息息相关的主题。生产 VR 新闻的主要是央视、百度以及几个实力雄厚的门户网站。VR 新闻制作成本较高，也比较费时。

总之，VR 新闻的发展，需要积极主动地与传统媒体融合，发挥媒介技术和传播形式上的优势，制作出优质的新闻信息内容，以便获得更加长远的发展。

第六章　从数据新闻看可视化传播符号

第一节　数字新闻与数据新闻

本节先通过两个案例的对比，感受一下数字新闻与数据新闻的区别。

[案例 6.1] 国家卫健委：90% 家庭 15 分钟可达最近医疗点

“十年来，我国基层医疗机构门诊的服务量从 41.1 亿人次增加到 42.5 亿人次。”7 月 14 日，国家卫生健康委召开新闻发布会，国家卫生健康委基层司司长聂春雷表示，除了提供基本医疗服务，基层医疗卫生机构每年还需要为上亿名高血压患者、3500 万名糖尿病患者提供随访服务，访视 1000 万名孕产妇和新生儿，提供疫苗接种和老年人体检等大量公共卫生服务。

数据显示，全国截至 2021 年底建有各类基层医疗卫生机构近 98 万个，拥有卫生人员超过 440 万人，基层医疗卫生机构网络不断健全。第六次卫生服务统计调查显示，90% 的家庭 15 分钟内能够到达最近的医疗点。

“强基层”是深化医药卫生体制改革的重要原则和工作内容。10 年来，我国基层医疗卫生机构和人员队伍持续发展。

聂春雷介绍，从 2012 年到 2021 年，基层医疗卫生机构从 91.3 万个增加到 97.8 万个，床位数从 132.4 万张增加到 171.2 万张，卫生人员从 343.7 万人增加到 443.2 万人。十年来，由于农村人口减少，全国村医从 125.5 万人下降到 114.7 万人，但每千农村居民的村医数从 2012 年的 1.25 上升到 2021 年的 1.3。

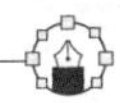

为提升基层医疗服务能力，国家卫健委出台乡镇卫生院、社区卫生服务中心服务能力标准，指导地方对照标准自评自建和整改提升。至2021年底，已有2.3万家基层机构达到服务能力基本标准和推荐标准，超过2600家社区医院建成。

（资料来源：《科技日报》，2022-07-15）

[案例6.2] 图表丨数读2022年上半年国民经济

国家统计局7月15日发布数据，初步核算，上半年国内生产总值（GDP）562642亿元，按不变价格计算，同比增长2.5%。其中，二季度国内生产总值292464亿元，同比增长0.4%。

图1，首页图，大图，标题。内容：上半年国内生产总值562642亿元、按不变价格计算的上升2.5%。

图2，总概图，配有麦穗、工厂、货车、购物袋、集装箱等6个小图标。

内容：全国夏粮总产量14739万吨、比上年增加143.4万吨；全国规模以上工业增加值上升3.4%；服务业增加值1.8%；货物进出口总额上升9.4%。

图3，分页图，配有晾晒衣服小图标。内容：居民消费价格同比上涨1.7%。

图4，分页图，配有办公小图标。内容：全国城镇新增就业人数654万人、失业率6月份降至5.5%。

图5，分页图，配有工厂图标。内容：规模以上高技术制造业增长9.6%，制造业增加值占国内生产总值的比重0.7个百分点，清洁能源消费占能源消费总量的比重1.3个百分点。

图6，分页图，配有计算器、钱币小图标。内容：国内生产总值562642亿元，按不变价格同比增长2.5%。

图7，分页图，以城市为背景图。内容：全国规模以上工业增加值，同比增长3.4%，其中6月份同比增长3.9%。

图8，分页图，配有女士及购物车小图标。内容：社会消费品零售总额，同比下降0.7%，其中6月份同比增长3.1%.

图9，分页图，配有城市背景图、计算器图。内容：全国固定资产投资271430亿元，同比增长6.1%。

（资料来源：新华社，2022-07-16）

案例 6.1 是国家卫生健康委员会发布的新闻，在该篇新闻中，标题使用了数字；在具体内容中，机构、人员、场所、服务都使用具体的数字进行说明，属于数字类新闻。案例 6.2 是有关 2022 年上半年国民经济的新闻，其中使用了大量的统计数字，但新闻主要以图表的形式呈现，大量的数据经过分析、提炼设计成不同的图片，以多图的形式，可视化地呈现新闻信息，属于数据新闻。二者对比，显然数据新闻更加直观，更易读易懂。

一、数字新闻

数字是一种古老的符号，通常被用来计数。数字是反映数量的符号，它表现的是事物的量变和质变。常见的数字有三种：中国数字、阿拉伯数字和罗马数字。现在世界各国通用的数字是阿拉伯数字。人们赋予数字很多特殊含义，数字就是承载着特殊意义的符号。不同的国家、民族、地区通常有自己的吉祥数字和忌讳数字，例如，中国人喜欢 2、6、8、9、10 这几个数字。“2”表示双数，寓意“成双成对”；“6”寓意“顺利”，常有“六六大顺”之说；“8”与“发”是谐音，意味着繁荣、财富和地位；“9”代表了“长久”；“10”则代表“十全十美”。但“4”在很多地区是忌讳的数字，因其与“死”谐音，近年有些楼盘开发时会直接跳过 4、14 层。在网络语言中，数字常被赋予特殊的含义，例如“1314520”代表着“一生一世我爱你”。在新闻写作中，许多新闻报道都会用到数字，是因为在新闻报道中，要真实地反映客观事物的发生、发展及变化，使用数字是一种十分准确的表达方式，数字能给人以信赖感。如在新闻报道的标题、正文中都常用到数字。在标题中运用数字，可使标题更加具体明了，突出新闻主要要素；在正文中恰当 、准确地使用数字，可以使新闻更明白、精确，更有说服力。新闻中的数字有时可以直接衡量一篇新闻稿件的新闻价值，增强新闻的可信性。

二、数据新闻

数据新闻，又叫数据驱动新闻，是指基于数据的抓取、挖掘、统计、分析和可视化呈现的新型新闻报道方式。数据新闻在大数据技术的推动下发生了量和质的飞跃。数据新闻是随着数据时代的到来出现的一种新型报道形态，是数据技术对新闻业全面渗透的必然结果，它的出现在一定程度上改变了传统新闻

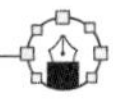

生产流程。[①]

数据新闻以服务公众为目的，一般为大众传播所用。它以公开的数据为基础，依靠特殊的软件对数据进行处理，挖掘隐藏于数据背后的新闻故事。它通常以互动、可视化的方式呈现信息。数据新闻的生产流程如图 6–1 所示。

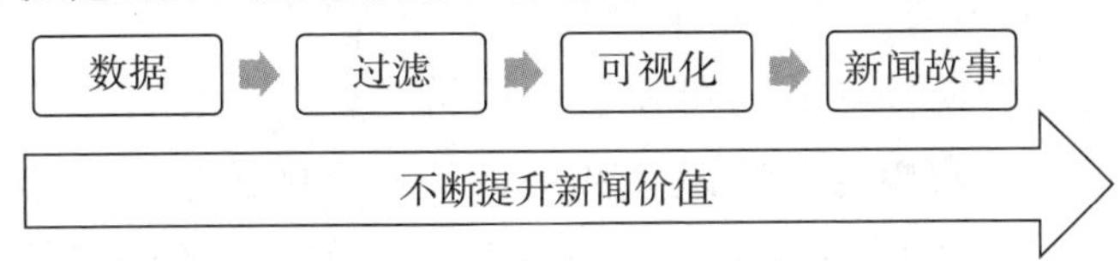

图 6–1　数据新闻的生产流程

数据新闻受到门户网站、传统媒体、专业网站、专业媒体平台的高度重视。很多有实力的媒体组建了专业的创作团队生产数据新闻。搜狐、网易、新浪、腾讯四大网站自 2011 年 5 月起，相继推出了《数字之道》《数读》《图解天下》《新闻百科》栏目；传统媒体央视从 2014 年 1 月起相继推出了《据说春运》《据说两会》《两会大数据》等栏目，《北京晚报》《南方都市报》等报纸也不定期地推出数据新闻的相关作品；新华网是国家通讯社新华社主办的综合新闻信息服务门户网站，是中国最具影响力的网络媒体和具有全球影响力的中文网站之一。2020 年，新华网“5G 富媒体”频道创建，推出了《数理话》栏目，致力于数据化、可视化新闻生产；媒体平台财新网积极开展数据新闻实践，开设“数字说”频道，用数据解读新闻，用图表展示新闻，将数据可视化，为用户提供更好的阅读体验。

数据新闻的优势体现在媒体可以将复杂、抽象、枯燥的数据，呈现为直观、可视、易感的各种传播符号，呈现出更加全面、深入的新闻信息，轻松传达复杂观点，不断提升新闻价值。

① 章戈浩．作为开放新闻的数据新闻：英国《卫报》的数据新闻实践[J]．新闻记者，2013，(6)：7–13．

第二节　数据新闻中的可视化传播符号

数据新闻信息的传播离不开可视化传播符号。可视化传播符号所呈现的传播效果就如新华网“富媒体”频道《数理话》栏目中表达的“让复杂枯燥的数据‘惊艳’呈现。将数据呈现为易于感知的图形符号，使洞察见解跃然纸上，轻松传达复杂观点”。图形是十分吸引眼球的数据化传播符号，但可视化传播符号不仅仅是图形，其表现形式是多种多样、丰富多彩的，可具体呈现为与信息内容相对应的文字、图片、图表、动画视频、音频等，而且数据新闻在一则新闻报道中往往是同时使用多种传播符号的。可视化符号中，图表占比最大，且形式多样。图表包括地图、饼图、折线图、柱状图、词云、排名图、海报图以及各种原创图形。下面笔者以新华网“富媒体”频道《数理话》栏目 2021 年的数据新闻为例，阐述可视化符号的具体表现形式。

一、文字

文字是人类历史上具有划时代意义的传播符号。文字能够把信息长久地保存起来，文字记录和传承了人类的文明。文字能把信息传递到遥远的地方，打破口头语言传播的时空限制。有了文字和印刷术才有大众传播。随着科技的发展，人类进入了融媒体时代，虽然数据新闻中的传播符号以可视化为主，但依然离不开文字。只不过数据化符号中的文字是精练的，文字在标题里、在图表的说明里；文字是展示的热词，文字是视频里的字幕。数据化符号中文字虽然不多，但仍传递着重要信息，是可视化符号中不可缺少的一个部分。

二、地图

地图是一种按照一定的数学法则及绘图规律展现部分或全部物理空间的地理、地貌、地质信息以及政治地理信息的图形。在数据新闻作品中，地图是一种较为常见的传播符号。地图适宜展示与地理位置相关的信息。新闻中用到的地图有实景地图、卫星图、热力图、点图以及各种手绘地图。地图通常使用在

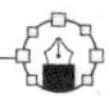

以下几方面。

（1）在涉及空间范围广的灾难性报道中，借助数据新闻的地图可视化形式，可以使新闻报道更加直观，更具现场感和震撼力，给受众留下深刻的印象。

（2）涉及社会人口、族群或民族的新闻报道主题，地图可视化能发挥解释背景的功能。人类社会的聚集、文化的发展本身与地理、地缘有着密不可分的关系，将人口分布、移民迁徙流动与地理区域结合起来，或者将某一特定人群聚居形态呈现出来，能够补充说明发生的新闻事件的背景，更好地引导读者思考新闻报道背后的深层背景。①

随着数字媒体和移动互联网技术的发展，在数据新闻可视化报道中，地图既能以色块展现统计数据的差异，又可以在使用动态图形的同时展示地理空间中的整体宏观结构和微观的细节，还可以使用音视频信息，为地图可视化提供丰富多彩的展示手段。运用地图，能够使传播的信息可视化，生动形象地展示数据内涵，延伸受众的时空感知。例如，2021 年 3 月 28 日新华网文章《中国天气网：花粉过敏预警地图出炉，过敏要躲更要防》，针对春天有些人对花粉过敏的现象，中国天气网制作了“全国花粉过敏预警地图”，该份地图在常用的全国地图上用深浅不同的红色标示不同区域，标明了不同地区的花粉过敏的诱发程度，地图很形象地展示出未来两天全国大部分地区，包括山东、河南、江苏、河北、浙江等省份过敏指数持续升高，以提醒公众要注意防护。又如，2021 年 12 月 30 日新华网文章《中国高铁运营里程突破 4 万公里，可绕地球赤道一圈！》，文中用了一张“京港高铁安九段线路图”，让读者一目了然地看出：京港高铁安九段自安庆西站引出，经安徽省安庆市怀宁县、潜山市、太湖县、宿松县，湖北省黄冈市黄梅县，终至江西省九江市庐山站，线路全长 176 公里，设计时速 350 公里，全线共设安庆西、潜山、太湖南、宿松东、黄梅东、黄梅南、庐山 7 座车站。

随着卫星通信技术的发展，新闻报道中越来越多地运用卫星地图。例如，在新华网“富媒体”频道中的“卫星新闻”中大量运用了卫星地图。栏目明确

① 宋可嘉，王锡苓．数据新闻是如何使用地图的？——以《卫报》《纽约时报》《华盛顿邮报》为例 [J]. 新闻爱好者，2017（4）：29-33.

提出“换个角度发现不一样的家园。通过遥感卫星拍摄进行多层次影像呈现，观察地理变迁、追踪突发热点、聚焦城市演变、展示自然之美”。仅 2022 年 1 月到 6 月，新华网就制作了 24 期卫星新闻，均包括了可视化卫星地图，其中 5 月份有 5 则卫星新闻，如表 6-1 所示。

表 6-1 2022 年 5 月份新华网卫星新闻

出品时间	新闻标题	卫星地图内容
2022.05.01	《躬身，以耕天下》	甘肃白银会宁梯田 江苏苏州太湖鱼塘 吉林舒兰水稻田 新疆昌吉呼图壁农田 广东湛江徐闻“菠萝的海”
2022.05.02	《二十四节气里的春天：感受大地生机》	宁夏贺兰山脉 甘肃省甘南玛曲县 贵州万亩桃花 云南曲靖师宗县 青海海西翡翠湖 高山茶园
2022.05.04	《今天，我们用卫星硬核表达满腔热爱》	哈尔滨工程大学
2022.05.20	《梯田的实力超乎你的想象》	元阳梯田 加榜梯田 龙脊梯田 上堡梯田 紫鹊界梯田 牙胡梯田
2022.05.23	《卫星“瞰”延安红色文艺范儿》	延安

三、各类图表

在新闻传播中，文字阅读特别是长篇文章阅读，很容易让受众产生视觉疲劳，丧失阅读兴趣，所以运用恰当的图表实现数据可视化非常重要，不同的图表有不同的传播效果。例如，线形图叠加时间维度，适合展示依时序发生的数据变化；清单、表格能把复杂繁多的数据和信息条理化；饼状图可以更清晰地表现局部在整体中的占比；树状图能更好地表现分层的结构；散点图一般用来表现两个线性度量的相关性。各类图表主要包括关系图、柱状图、动态排名图、饼状图、折线图等。

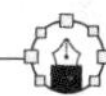

1. 关系图

关系图是用来分析事物之间“原因与结果”“目的与手段”等复杂关系的一种图表，它能够帮助人们利用事物之间的逻辑关系，寻找出解决问题的办法。关系图能把错综复杂的关系展示得一目了然。大众传播将新闻事件用关系图、时间轴等方式来展示全面信息，一定程度上避免了新闻的枯燥、乏味，让受众通过一张图就能看懂新闻，抓到关键信息。例如，央视网新闻《一个没有北京户口的北漂有多抓狂》，该新闻主要用图解的方式表达信息，包括“买房记之漂族 VS 京族”“育儿记之漂族 VS 京族”“上学记之漂族 VS 京族”，以及“漂族如何获得北京户口”。其中，“育儿记之漂族 VS 京族”就是一幅关系图，在此笔者根据其内容绘制了一张类似的关系图，如图 6–2 所示。

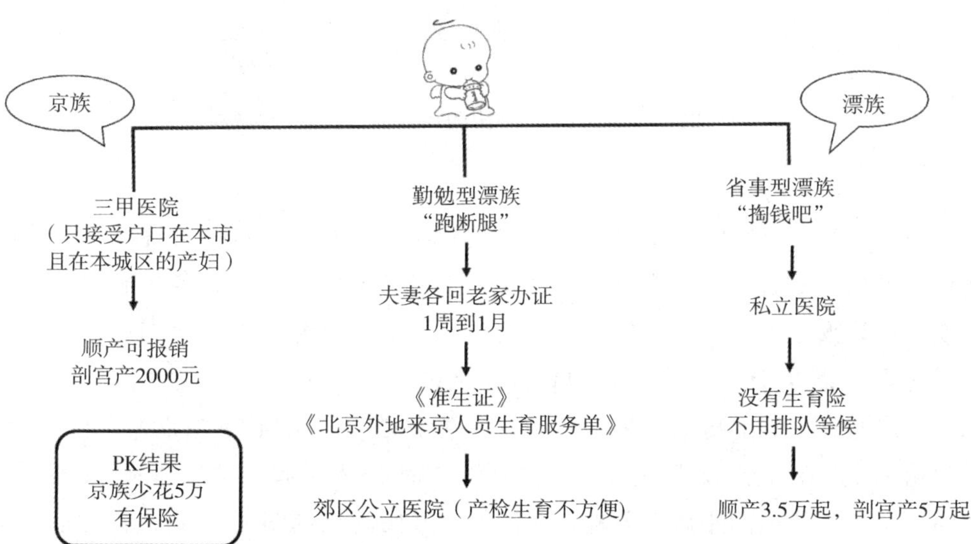

图 6–2　“育儿记之漂族 VS 京族”关系图

2. 柱状图

柱状图是进行数据比较的最佳可视化符号。柱状图包括单柱图、簇状图、簇状 + 折线图、子弹图、堆积图、瀑布图、三维柱状图等常用类型。柱状图可以展示多个分类的数据变化和同类别各变量之间的比较情况。例如，根据中商情报网 2022 年 2 月 28 日发布的第 49 次《中国互联网络发展状况统计报告》

的内容，可以设计一张“2016—2021 年中国网民规模情况统计”柱状图，如图 6–3 所示。

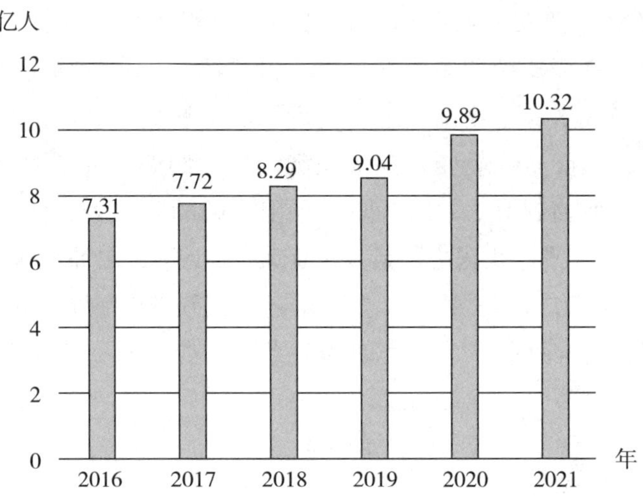

图 6–3 “2016—2021 年中国网民规模情况统计”柱状图

3. 动态排名图

动态排名图是很吸引受众的一种可视化符号。它借助数据可视化工具软件制作，能形象直观地表达在某一个时间周期随着时间的变化，各参数指标的增减变化，让人很容易理解。常见的动态排名图有柱状排名图、热词排名图。动态排名图可以让受众在第一时间看到排名的变化，也能激励受众积极参与互动，可以起到很好的传播效果。例如，在新华网“新华社记者看浙江”栏目中，2021 年 4 月 10 日至 16 日出品的“国社浙一周 风禾尽起，与光同航”报道中，就使用了六张热词图用以形象地说明问题。其中的热词图之一如图 6–4 所示。

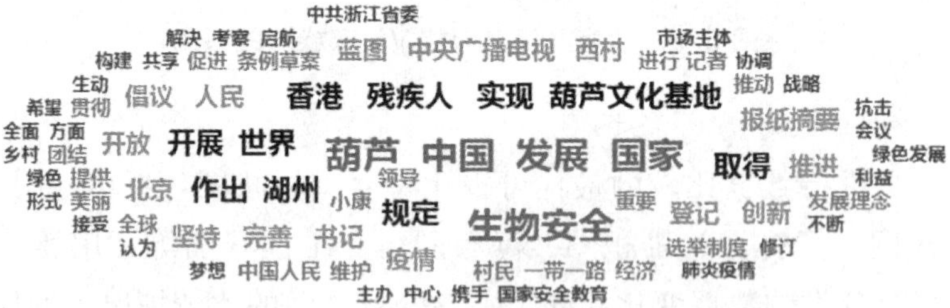

图 6–4 杭州：数字竞风流中的热词图

（图片来源：新华网）

又如，每年都会产生网络流行词，2021 年 1 月 29 日，网易就用一张热词图展示 2021 年网络流行词，如图 6–5 所示。

图 6–5　2021 年网络流行词

（图片来源：网易）

4. 饼状图

饼状图可更清晰地表现局部在整体中的占比。在近年的数据化新闻报道中，经常看到饼图。《人民日报》、央视新闻都在使用饼图。随着人们对数据可视化的进一步研究和追求更佳的视觉效果，针对不同的数据和关注点，饼图也出现了各种各样的变体，如雷达图、甜甜圈图、扇形图、圆圈图、轨道图等。这些变体用到新闻报道中，常常取得很好的传播效果。例如，新华社 2021 年 08 月 27 日文章《新华全媒 +丨直播电商的“人、货、场”，到底应该怎么管？》中，用了两种饼图说明“直播电商购物情况”，两个饼图的主题分别为“你一周进入电商直播间的次数”和“进入直播间你的购买频率”。根据文章内容笔者设计出以下风格的饼图，如图 6–6 所示。

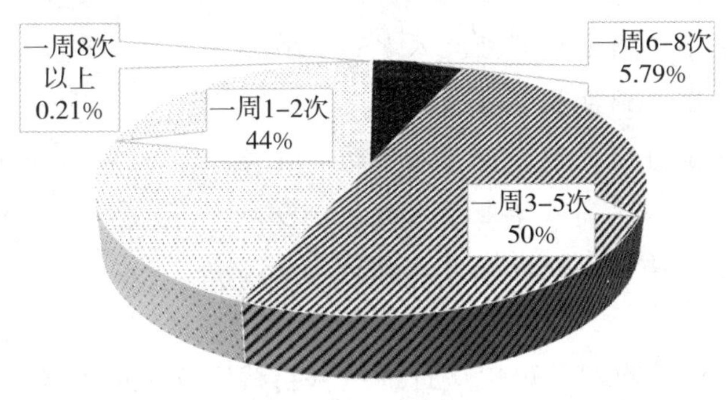

图 6–6　“你一周进入电商直播间的次数”饼状图

5. 折线图

折线图可以显示随时间（根据常用比例设置）而变化的连续数据，因此非常适用于显示在相等时间间隔下数据的趋势。1849 年，美国纽约霍乱爆发，《纽约每日论坛报》（*New York Daily Tribune*）作为当时纽约最有影响力的新闻机构之一，为读者献上了一幅折线图，来说明霍乱在纽约造成的死亡病例数变化。《纽约每日论坛报》也因此成为媒体在数据可视化领域尝试的先驱之一。这份来自报人的创意一直沿用至今，已经成为人们熟悉的表达方式。在当今的相关新闻中，我们经常可以看到新闻报道用折线统计图。

例如，2021 年 9 月 10 日是我国第 37 个教师节。新华网《数理话》栏目，发布了一篇数据新闻《今天，带你看懂我们的老师》，其目的是新闻里说的“在这个感念师恩的特殊日子，让我们从数据里感受‘教师’二字的分量”。这篇新闻采用“文字 + 图表”的方式报道，总共 4 个图表，其中两张是折线图，展示“2011—2020 年全国教师数量”和“2011—2020 年中小学教师数量”。

又如，以 2013 年到 2022 年这十年间的全国高校应届毕业生的数据为例，教育部、人力资源和社会保障部公布的数据如下：

2013 年：全国普通高校毕业生人数达 699 万人。
2014 年：全国普通高校毕业生人数达 727 万人。
2015 年：全国普通高校毕业生人数达 749 万人。
2016 年：全国普通高校毕业生人数达 756 万人。
2017 年：全国普通高校毕业生人数达 795 万人。
2018 年，全国普通高校毕业生人数达 820 万人。
2019 年，全国普通高校毕业生人数达 834 万人。
2020 年，全国普通高校毕业生人数达 874 万人。
2021 年，全国普通高校毕业生人数达 909 万。
2022 年，全国普通高校毕业生人数达 1076 万。

根据以上十年的数据，可以设计成一张折线图来说明我国普通高校毕业生不断增长的现状，如图 6–7 所示。

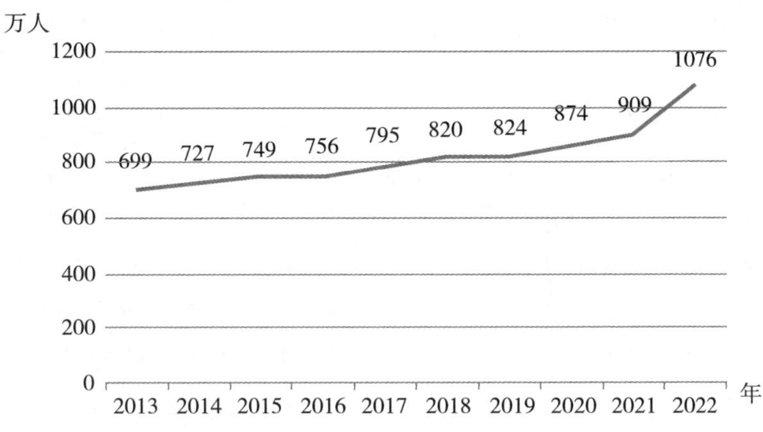

图 6-7　2013—2022 年我国高校毕业生人数

近年，动态折线图频繁出现在各式新闻作品中。跟静态折线图相比，动态折线图的优势在于“动”—— 折线图从左向右展开，有利于引导读者视线，突出变量随时间的变化。动态折线图的输入数据集通常至少包含时间与指标两个要素，部分还包括一个用于分组的类别数据。

四、动画视频

可视化呈现方式是数据新闻引人注目的部分。动画视频是可视化传播符号的重要形式。我国数据新闻的可视化，最初以信息图为主，接着以交互性图表应用起步，到现在视频（主要是短视频）广为流行，受到热捧。在国内数据新闻多样化的视觉呈现形式中，利用二维动画技术制作的数据新闻视频短片不同于常规的视觉辅助方式，它是静态图形在数字技术环境下的衍生品。动态技术让静态图形动态化，在时间维度上有了更广的延伸区间，使平面图形可以承载更多的信息含量，视觉表现形式更加丰富，基于平面设计原则创造的图形具有良好的视觉美感，并且能够利用视觉语言进行信息传递和观点表达。动态技术的运用使图形的视觉传递效果得到延伸，信息容量更大，解读能力及引导能力更强，传播速度更快。动态图形的发展满足了受众对高容量、高质量视觉信息的要求，使平面图形的审美价值及社会价值满足了多媒体时代对信息进行可视化处理的需求，是真正适用于数据动画视频的表现形式。①

① 向伶梅，刘婧，罗盈. 数据新闻动画视频的传播学分析 [J]. 传媒，2018（12）：36-38.

数据新闻在向视频化发展的过程中，能够规避图文中晦涩繁杂的叙述词汇和抽象数据，以影像的方式进行动态呈现，信息由声音、文字、动态图形图像共同传播。动态视频的内容模式决定了它比图文更加生动的优势，相比静态图像，动态画面的信息容量更大，在信息传递的过程中，图像具有直观感知、吸引关注的视觉优势，能满足读者对信息的需求。

融媒体时代，数据新闻通过挖掘数据背后的关联性，融合跨领域的视觉技术，极大地丰富了新闻生产的形态。数据新闻改变了传统新闻的表达方式，其采用比文字解读更直观的视觉形态向公众呈现对新闻事件的描述，让人更易理解和接受。以数据为支撑，帮助公众从更完整的视角理解新闻信息，用动态的可视化技术为受众提供更好的视觉体验和阅读感受。视频传播效率更快，内容解释力更强，能够让新闻价值得到最大化体现。①

在大数据环境下，活跃于国内数据新闻视频制作的机构包括中国政府的各级官方部门，腾讯、网易等互联网公司，传媒企业如壹读、朝阳工作室等。一些传统媒体机构在媒体融合的背景下，也积极致力于视频的制作与传播，并取得了很好的传播效果。

[案例 6.3]"数说 70 年"数据新闻可视化系列短视频

2019 年《经济日报》微信公众号《"数说 70 年"数据新闻可视化系列短视频》产品，从消费、饮食、大国工程、数字经济、生态、外贸六个方面，以具有纵深感的视角，具有话题性的内容，充分展现人民生活在 70 年历程中不断改善并持续提升的发展过程。该系列短视频的数据由单调转向丰富，数据与图像紧密结合并互为补充，不仅有助于提升信息传达的精准度，更消弭了数字在视觉上的单调乏味。数据由静态转向动态，在展现出分项数据的同时，更直观地凸显出数据对比情况及数据发展趋势，让用户在短时间内接收到大量信息，以"上帝视角"对发展全局一目了然。该系列产品不仅在《经济日报》社各新媒体平台取得了良好的传播效果，还在新浪新闻、腾讯新闻、西瓜视频等几十家网站转载，形成了全网传播力、影响力。据统计，系列产品全网传播覆盖面约上亿人次。

（资料来源：中国记协网，2020-06-29）

① 向伶梅，刘婧，罗盈．数据新闻动画视频的传播学分析 [J]. 传媒，2018（12）：36-38.

除了单独生产的视频作品外，视频还可以作为一篇数据新闻内容的重要组成部分。在融媒体新闻作品中，常常能看到将视频与 AR 技术的结合，形成 AR 视频，即将计算机生成的文字、图像、三维模型、音乐、视频等虚拟信息模拟仿真后，应用到真实世界中，两种信息互为补充，从而实现对真实世界的“增强”。

例如，在新华网中，有专门的视频频道，呈现内容丰富多彩的视频节目。同时在时政、财经、富媒体、文化、思客智库、政务等频道中，也穿插着不少视频，与文字、图片、图表一起呈现新闻内容。在此笔者选取新华网“富媒体”频道 2021 年 10 月 26 日的报道《倒计时 100 天，细数赛道上的冬奥脚步》为例做简要分析。

[案例 6.4] 倒计时 100 天，细数赛道上的冬奥脚步

报道方式：1 分 53 秒的视频 ＋ 121 个文字

传播符号：文字、视频，视频包含的数据、图表、实景图、虚拟图等

视频的内容：

2015 年 7 月 31 日，北京携手张家口获得 2022 年冬奥会和冬残奥会举办权；

冰雪运动的画面；

北京冬奥会会标；

北京冬奥会吉祥物冰墩墩（VR 虚拟形象）；

北京冬奥会将产生 109 枚金牌；

2019 年 12 月 31 日，京张高铁正式开通运营；

北京冬奥会和冬残奥会 30 个体育图标发布；

2021 年 2 月 4 日，北京冬奥会和冬残奥会火炬飞扬发布、火炬的特点；

2021 年 7 月 31 日，31 个比赛场馆亮相，所有场馆将 100% 使用绿色电力；

2021 年 9 月 17 日，运动会主题口号发布“一起向未来”；

2021 年 10 月 5 日到 12 月底，冬奥赛，三大赛区接受检验；

10 项国际赛事、3 个国际训练周、2 项国内测试；

推出北京冬奥会倒计时 100 天。

（资料来源：新华网，2021-10-26）

案例简析：这则《倒计时 100 天，细数赛道上的冬奥脚步》新闻报道，形

式简短，短视频、少文字，但内容却很饱满。视频以时间为线索，按时间的先后顺序，向全国观众展现了北京冬奥会和冬残奥会6年多的筹办过程，北京冬奥从蓝图变为现实的过程，冰雪运动广泛铺开的情况。这些丰富的内容主要是通过短视频传达的，可见视频在融媒体新闻报道中的重要性。

本节中的文字、地图、各类图表、视频这些可视化传播符号，并不是单一地存在于单篇的数据新闻中。实际上，它们往往被综合应用在同一篇数据新闻中，通过多样化的传播符号传递综合信息，从不同角度给受众更深刻的印象。例如，在新华网富媒体2021年11月10日作品《"数观"进博会，魅力有多大？》中，应用了文字、海报图、实景图、9分钟的央视新闻视频、统计柱状图、对比图等传播符号一同报道。

第三节　数据新闻可视化传播符号使用的注意事项

一、注意数据的来源和保密

1. 注意数据来源的真实性

生产数据新闻的前提是拥有大量的数据。为了保证传播信息的真实性、客观性，首先要注意数据的来源是否可靠、真实。数据来源有国家政府机构发布的数据、搜索引擎搜到的数据、大量人群产生的海量数据、企业应用产生的数据、巨量机器产生的数据等。考察近年来的数据新闻，其数据主要来源有以下几种途径。

（1）国家政府机构发布的数据。如国家统计局发布的国家数据，财政部发布的财政数据，中国互联网信息中心的互联网发展统计报告等。可以根据新闻的主题和内容去寻找相关数据，如关于教师节的数据新闻的数据来源于"教育部"，关于旅游的数据新闻的数据来源于"文化和旅游部"。

（2）行业数据。阿里研究院、腾讯研究院发布的数据，第一财经商业数据中心发布的报告等。例如，在新华网富媒体的数据新闻中标明了"来源：艾媒数据中心""数据来源：思客调查"等。

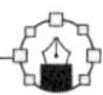

（3）各种社交媒体平台产生的数据。例如微信平台、微博平台、短视频平台数据等。

2. 注意数据使用的安全问题

有些数据涉及国家或部门的机密，即使有条件获得，使用时也要注意数据的安全性，做到不泄密。融媒体时代，数据新闻大大提升了信息传播效率，新闻报道信息处于大数据形态，大数据本身内含的隐私问题、信息安全问题势必渗透于新闻传播，带来新闻大数据泄密风险和安全隐患。大数据理论告诉人们，将海量的碎片化数据进行组合关联，就能挖掘出隐藏在其中的潜在价值。假如有人刻意搜集与军演相关的全部报道，再结合自媒体运营人员的个人见解和军事“发烧友”的“专业”见地，然后通过提取信息碎片、相互印证、整体关联等手段，基本上就可“拼接”出“具体是哪支部队在哪个基地参加了一项什么主题的军演活动”这一涉密信息。这样的技术特性表明，新闻报道即使经过脱密处理，一经组合跨入大数据形态，也有可能成为挖掘涉密信息的“基础原料”。大数据形态下的新闻报道打破了传统媒体新闻传播与信息安全之间建立的平衡，容易使新闻报道陷入一种“处于泄密危局而不自知”的无意识状态。

2015 年 9 月，国务院印发《关于促进大数据发展的行动纲要》，提出要推动政府信息系统和公共数据互联共享，深化大数据在各行业创新应用。2021 年 9 月 1 日，《中华人民共和国数据安全法》正式实施，该法案对数据处理活动、安全保护、开发利用提出了明确的合规要求。融媒体时代大数据流行，在信息的采、写、编、审、传中如何准确、合理、合规地使用数据，实现数据的保密、共享与公开是数据使用值得关注的问题。

二、注意地图的使用

在数据新闻中，地图是常用、好用的可视化符号。地图除了自身的实用性和便捷性外，更有严肃的政治性、严密的科学性和严格的法定性。地图是国家版图的主要表现形式，正确的国家版图是国家主权统一和领土完整的象征，体现了国家在主权方面的意志和在国际社会中的政治、外交立场，关系到国家利益、民族尊严。因此，规范、正确地使用每一张地图，自觉维护国家领土和主权完整，避免对国家利益和民族尊严造成损害，杜绝“问题地图”的出现，是每一位编辑的责任和义务。

对于地图的公开使用，应严格遵循《中华人民共和国测绘法》《地图管理条例》《地图审核管理规定》的有关规定。规范、正确地使用地图，一是要找有地图编制测绘资质的单位进行地图编制；二是地图编制完成后必须向测绘地理信息行政主管部门送审，取得相应的审图号后方可使用；三是出版物的审图号应放在版权页明显位置处，新闻报道或宣传海报的审图号则应放在地图下部明显位置处。

在新媒体报道中，经常会使用地图作为插图，如果规范使用地图的意识不强，就容易出现政治问题和科学问题。主要会出现的地图问题包括登载的地图未经地图审核，或存在错绘国界线；地图上的符号标示不对，如在我国只有北京才可以用专门的首都符号即五角星来表示，而有些省级地图中，用五角星来表示省会城市的做法是不对的。总之，大众传播要提高地图意识，正确规范地用好地图这种传播符号，避免产生问题地图并带来不良影响。

三、注意可视化图表的创意与设计

在传统大众传播中，图是辅助性的传播符号。而融媒体时代，是一个“读图”和“视频”的时代，受众对新闻的要求也从新闻的特性提升到审美性。受众不仅仅满足于新闻的时效性、真实性与快捷性，更追求审美和情感方面的满足。在数据新闻可视化符号中有各式各样的图表，但只有那些富有创意、设计新颖、符合受众审美需求的图表才能吸引受众关注，得到受众更多的认同感，从而取得好的传播效果。

图表是视觉符号。视觉符号是由形状、方向、色彩、大小等要素构成的用以传达信息的载体，视觉符号通过排列组合可以形成不同的景观。可视化图表的创意与设计包括内容的呈现、版式的设计、色彩选用的创新。

数据新闻可视化实践在视觉符号的使用上呈现出两大趋势：一是视觉符号的形式和类别从单一化发展为多元化，场景内容不断扩充、可视化特征愈发明显；二是更注重视觉符号的艺术表达与视觉吸引，场景张力不断提升，可视化内涵越发丰盈。常见的做法有以下几种：一是在内容呈现上把实体图片融合到不同类型的图表中，以便更形象地展示内容；二是在版式设计上大胆突破常规形态，力求创意性表达；三是在色彩应用上采用渐变的色彩、新奇的色彩搭配以及紧随主流设计的色彩等。

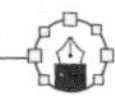

例如，在新华网富媒体2021年9月20日的报道《想吃又想瘦，“朋克养生”下代餐真的安全有效吗？》中，在呈现“哪种代餐食品最受欢迎”时，把代餐食品真实图片和柱状图组合在一起，柱子色彩上用了“深蓝—湖蓝—黄—橙色—红”，色彩由深色逐渐过渡到明亮色，整体视觉效果更加直观、引人关注。在呈现“选择代餐食品的主要原因是什么”时，设计为四分之三的圆形，四分之一的文字，加上就餐图片。色彩上从外围到内依次为“玫红—红—橙—黄—蓝”，版式新颖，色彩鲜明，很有视觉冲击力。类似这样的视觉符号的运用，往往体现着新闻生产者的创新思维和个性追求。它是没有套路、不拘一格的。

可视化图表的创意与设计，能够使新闻作品更“吸睛”，增加传播的浏览量。数据新闻可视化传播符号常通过色调、版式、风格等途径营造氛围、关注意蕴与美感。这些艺术的、仪式的、文化的可视化符号，使原本冰冷的数据有了温度和态度，唤起了用户的情感共鸣。

总之，随着大数据时代的到来，数据新闻成了新闻传播的常见形式。挖掘大数据、可视化传播新闻信息是数据新闻的主要特征。可视化传播符号以地图、各类图表、动画视频为主，创造了一个丰富多彩、形式多样的可视化传播体系，促进了传统新闻报道方式的改变，满足了受众对新闻信息的需求，让新闻永葆魅力。

第七章　从 H5 新闻作品中看传播符号文本

第一节　H5 和 H5 新闻

一、H5 概述

1.H5 的定义

H5 就是人们常说的 HTML 5，简称 H5，是目前网络上应用非常广泛的语言，也是构成网页文档的主要语言。H5 名片如图 7–1 所示。

中文名：第五代超文本标记语言
英文名：HTML5
出生年月：2014 年 10 月
父母：万维网联盟（W3C）
主要应用：商务营销、生活娱乐、新闻报道三大领域

图 7–1　H5 名片

2014 年，H5 出现。2015 年，H5 在广告、宣传、新闻、游戏、教育等诸多领域得到广泛应用。因此 2015 年被称作“H5 元年”。

2.H5 的类型

（1）图文类：以图配文为页面主体，通常采用上下滑动或者左右滑动的方式来进行多页切换，每页集中一个内容点，搭配动作效果出现，起到类似幻灯

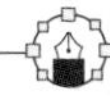

片的传播效果。常用于招聘、海报、会议邀请等场景。

（2）交互型：以用户参与交互触发、启动产品，或将用户互动贯穿整个H5产品为特点，运用多种交互方式，包括点击、擦除、滑动、长按、手势、摇一摇等。

（3）模拟型：通过对现实情境进行模拟，将用户代入一个特定的场景中，让用户在自己"熟悉的环境"中体验、参与、操作。模拟的场景有手机场景、微信场景、社会生活场景、日常生活场景等。

（4）游戏型：游戏具有趣味性、沉浸感、易于操作等特点。这类H5的目的在于用户的深度参与，在上传内容、回答问题、参与测试、挑战记录等知识型小游戏或射击、棋牌、竞技等娱乐型小游戏中，了解H5推送的主题和内容。

（5）视频型：可以整个H5产品都是视频内容，只在开始和结尾提示主题核心信息；也可以在H5产品中插入一段或几段短视频，与其他素材组合构成一个完整的作品。这类H5最典型的特征是全屏展现、用户体验不中断，可以最大程度地展示H5产品的内容，让用户有更深的沉浸感。

3.H5的制作

H5的制作并不复杂，可以使用专门的制作软件，套模板制作，也可以在选好的模板上进行二次创作，还可以买模板进行制作。其制作软件主要有以下几种。

（1）易企秀：最早的微场景平台，素材、案例更为丰富，操作界面相对简单。

（2）兔展：界面、内容搭建均较完善，支持PSD转H5页面，免费用户只能选择保留兔展的logo（徽标）。

（3）MAKA：动态效果丰富，模板、排版质量较高，打开速度较快。

（4）初页：推荐入门级别使用，主要针对图片，只要会配图，初页就是一个很好的选择，有固定的模板，但不能更换字体。

（5）凡科互动：专注H5互动游戏，操作简单，模板丰富。

（6）意派Epub360：覆盖大部分H5功能，拥有较丰富的模板，本地素材库较全面。

（7）iH5：专业级H5制作工具，无免费模板，有互动游戏等功能，适合对H5有极高要求的用户群体。

在制作过程中要用到的图片、音效、视频等素材，可以到素材和音效平台选取，免费或付费使用。

4.H5 的特点

（1）良好的交互性。H5 页面以微信平台为主要载体，其信息传播最突出的特点是交互性。即读者参与生成内容与多元的视听体验，赋予受众沉浸感、代入感，直观地了解和认知信息。交互性在满足个体情感和社交需求的前提下，借助用户社交关系链实现传播最大化。其交互形式丰富多样，如图 7–2 所示。

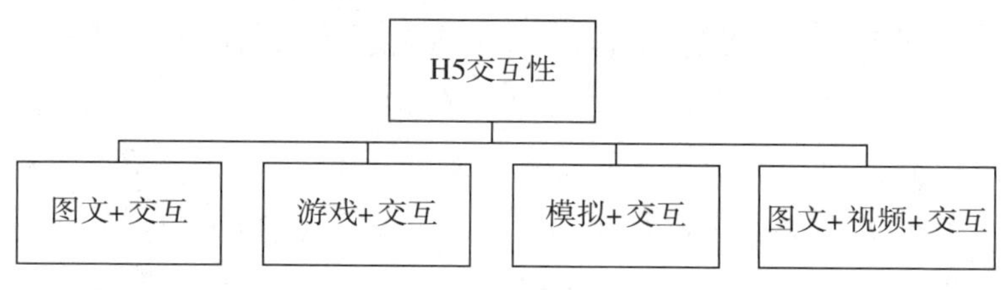

图 7–2　H5 的交互形式

（2）内容的丰富性。H5 的内容很丰富，融合了文字、图片、动画、视频、音频以及设计场景，引入多种交互元素，提高互动的趣味性，增强受众的代入感。H5 一般都是站在受众的角度进行考虑，选择与受众相关的内容，以独特的视角，用讲故事的方式来传播信息内容，同时借助场景化的预设让信息不再是冰冷的符号，而是成为人们乐于接受的、充满人性与情感的有声讯息。

（3）操作的便捷性。H5 具有跨平台性优势，用 H5 搭建的站点与应用，可以兼容 PC 端与移动端、Windows 与 Linux 系统、安卓与 iOS 系统。它可以轻易地移植到各种不同的开放平台、应用平台上。这种强大的兼容性可以显著地降低开发与运营成本，让企业获得更多的发展机遇。

H5 因为其良好的互动性、内容的丰富性和操作的便捷性，受到广大商家和企业青睐，成为商品营销和信息传播的一种有效手段，在很多领域得到应用。

二、H5 新闻概述

1. H5 新闻定义

H5 新闻是一种建立在 H5 技术规范基础之上，综合了特定的网页效果、视听效果、感官效果和交互性等因素，以“超媒体”的技术形式呈现出来的报道形态。

2.H5 新闻发展历程

2014 年，不少商业网站开始尝试用 H5 制作新闻，例如网易新闻制作的 H5 科技新闻《带你体验真实版“星际穿越”》，网友打开 H5 就可以扮演“旅行者一号”，体验孤独的太空旅行，在浩渺宇宙中穿越，该新闻迅速在朋友圈形成刷屏之势。

2015 年，随着易企秀、人人秀、iH5 等一批第三方平台的崛起，H5 的制作有模板可套用，通过第三方网站就可以随时随地制作 H5，H5 行业突飞猛进，H5 新闻层出不穷。例如，搜狐网的 H5 新闻报道《津门“爆”劫》，插入了文字、图片、音视频等元素，内容丰富，非常直观且有现场感，让人身临其境感受“8·12 天津滨海新区爆炸事故”。很多传统主流媒体在报道重大新闻时，如 G20 峰会、全国两会新闻报道，都力求在报道策划、呈现方式上有新的变化，以期达到吸引受众、增强传播效果的目的，H5 新闻开始流行。

2016 年，人们对 H5 的理解更为理性和深刻。全国两会期间，涌现了形式多样的 H5 新闻,H5 让时政新闻变得轻松活泼。例如《傅莹邀你加入群聊》《你有一个来自李克强的红包》《李克强总理申请添加你为好友》，等等。

2017 年，全国两会期间，中央人民广播电台推出的《央广主播的朋友圈》《王小艺的朋友圈》等一系列 H5 新闻，巧妙地将两会内容与微信朋友圈相结合，将视频、动画、音频、图文等融入作品，新颖独特，妙趣横生，在社交媒体上广泛传播。

2018 年以后，H5 新闻因其互动性、丰富性和便捷性的特征，在新闻报道中具有优势，既能满足受众需求又充满情感体验，得到了大众的认可，也备受生产新闻媒体重视。随着媒体融合发展趋势不断推进，中华全国新闻工作者协会自 2018 年开始在中国新闻奖评选中增设媒体融合奖。在第 28 届至第 30 届共计 146 件媒体融合获奖作品中，H5 新闻作品有 40 件，可见 H5 新闻的受重视程度。

同时，H5 的一些设计套路也为受众所熟悉，受众对新闻报道的要求越来越高。H5 新闻不断创新，将手绘技巧运用到 H5 新闻中，让作品活泼有趣，轻松耐读，大大消解了受众对时政新闻的刻板印象；把 VR 加入 H5 新闻中，增加了新闻的科技感，业内称之为“沉浸感”虚拟互动模式，随着手指的拨动，实现360度的全景体验，让传统新闻不受距离和空间的限制，如同置身新闻发生第一线；运用动画、语音，模拟再现多个生活场景等等。

3.H5 新闻的优点

（1）H5 新闻的可视化增加了内容的可读性。H5 新闻发展以来，有个惯用的做法，即选择特殊或重要节点发布作品，例如，建军节时发布《快看呐！这是我的军装照》，中华人民共和国成立70周年时发布《复兴大道70号》，庆祝改革开放40周年时发布《改革开放40词》。H5 新闻作品的选题中有和普通老百姓生活工作密切相关的，例如，《行走黄河滩·我的迁建故事》《生活垃圾分类查询》，但更多的是时政要点、国家重大方针政策方面的选题。中国新闻奖 H5 新闻获奖作品的叙事故事集中于模范人物、时政热点和社会民生议题。例如，关于长江流域生态环境保护宣传的《6397公里的守护》、关于思想教育的《2019对话1949：时代变了，初心未变》、弘扬爱国主题的《传家宝里的新中国》、庆祝中华人民共和国成立70周年的《复兴大道70号》。获奖作品中这类作品最多，显示了主旋律作品占主导地位。时政类新闻本来是比较严肃、单调的，时政类的重大主题报道，往往避免不了枯燥的数据、严谨的史实、深奥的政策词语。但是，H5 新闻内容包含文字、图片、音视频、动画等交互设计，在终端显示屏上以动态、综合的形式传播，这种可视化的呈现方式，在一定程度上消除了单调的阅读节奏，同时也能在表达上建立关联性，帮助读者更好地理解新闻意义，使严肃的新闻具有可读性，让受众爱读，易于接受、乐于传播。

（2）注重受众互动体验。在传统大众传播中，受众的反馈和参与互动是薄弱环节。互联网技术的发展为受众参与互动提供了可能。H5 特别注重受众的互动体验。近年来，无论哪一类型的 H5 新闻作品，其在创新、制作时，都特别注重互动性。受众在接收 H5 新闻信息的过程中，往往要参与互动才能看到全部信息，例如点击预设板块、游戏过关等。H5 新闻推出后，网友可以参与评论，并及时反馈到社交媒体，助推新闻的传播。H5 技术在媒体和受众之间搭起沟通的桥梁，让严肃的主题报道不再是冷冰冰的面孔，而是轻松幽默的形象，与受众距离很近。例如，2017 年的八一建军节，《人民日报》推出了 H5 新闻《快看呐！这是我的军装照》，逐步发展成现象级的霸屏作品，人

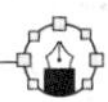

们纷纷通过这款 H5，将各种“军装照”换上自己的脸，圆了自己的军人梦，实际上也表达了对军人的崇拜。“军装照 H5”4 天的访问量就突破 8.2 亿，这就是互动性达成的传播效果。

（3）新闻报道更有温度。具体体现在文字、色彩、图片的使用和具体场景的创设等方面。H5 新闻报道的文字简明精练，便于记忆，降低了解码难度。H5 文字不多，不做长篇大论。文字主要体现关键词、关键节点、关键信息。H5 新闻用心选择色彩、图片。页面色彩、图片选择和编排、图文搭配、音乐选择都考虑受众的审美心理需求。H5 新闻创设生活场景，让用户进入相应的情景之中并产生互动，增加代入感。例如，2017 年全国两会期间推出的新闻《央广主播的朋友圈》系列报道，受众点击进入模拟朋友圈的全屏画面，主播王小艺置于屏幕的右下角，通过滑动、点击等肢体动作和口播解读朋友圈信息。虚拟主播以第一人称展开叙事，受众置身交流对话式的信息分享场景，仿佛主播在与自己面对面聊天，朋友圈设定的分享内容，使受众在潜移默化中对两会节目和幕后花絮形成基本定位，增添了新闻接受乐趣。

（4）轻松实现跨平台传播。H5 传播平台具有操作的便捷性。独立的 H5 新闻作品，可以轻松实现跨平台传播。H5 新闻作品的分发方式有两种，一是资讯客户端渠道分发，二是微信微博朋友圈等社交媒体分发。资讯客户端渠道分发面向范围更广的用户群体，这是传统渠道的投放；朋友圈、微信公众号、微博等社交媒体，则是针对联系紧密或者兴趣独特的群体，核心是通过用户的分享来传播。H5 新闻作品可以在传统媒体平台和各类新媒体平台中传播。

以上是 H5 新闻的优点。当然，H5 新闻也存在着创意同质化、内容容量有限、互动方式简单和技术具有局限性等缺点。

第二节　H5 新闻作品中的传播符号文本

一、传播符号文本

1. 符号文本

从传播符号的角度来看，H5 新闻作品融合了各种各样的传播符号。

在 H5 中可以插入文字、图片、音视频、网页、全景、直播、图表等传播符号，只有单一传播符号的 H5 作品几乎没有，因为符号很少会单独出现，一般是与其他符号形成组合，组成一个“合一的表意单元”，这就是符号学上所说的“文本”。“符号文本”就是“符号组合”，它可以由任何符号编制组成。在当代符号学中，文本是“文化上有意义的符号组合”，要表达意义，符号必然要结合某些其他符号，形成组合。所以，在 H5 新闻作品中的传播符号是符号文本。不同的 H5 新闻作品有不同的符号文本，借助这些符号文本，H5 新闻作品能更好地传达意义。

2. 符号文本的双轴关系

任何符号文本必须有两个展开向度，即组合关系与聚合关系，任何符号的表意活动，无论活动大小，都必然在这个双轴关系中展开。组合关系就是一些符号元素结合成一个有意义的“文本”；聚合关系决定了文本组合是如何组成的，其中心问题是比较和选择。组合关系是显性的，聚合关系是隐藏的。聚合关系是组合关系的依据，组合关系是聚合关系的投影，文本一旦形成，受众看到的就是显性的组合关系。

解释符号文本的意义时，要抓住双轴关系。信息接收者感知到的，只是文本和一部分伴随文本。还需要深入探究隐藏在聚合关系中的信息。在 H5 新闻作品中，我们看到了其所使用的具体符号文本，还要思考为什么选用这些符号以及选用这些符号想要表达的意义、传播效果。

3. 叙述——特殊的符号文本

叙述，是一种特殊的符号文本。通俗地说，是带有故事情节的符号文本。一旦符号文本描写人物和变化，就成为叙述；不卷入人物与变化的符号文本，

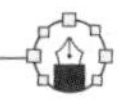

就成为描述。叙述按照内容的真实与否，可以分为虚构性的和事实性的；按照展示的方式，可以分为记录类与演示类。记录类叙述包括新闻、历史、小说等，记录类叙述使用特殊人工符号，例如文字、声音、视频，记录的是已经完成的事，记录文本可供后来者阅读；演示类叙述，包括戏剧表演、口述故事、游戏竞技等，其传播信息的符号是言语、表情、身体动作等，故事当场展开，与受众接收同时发生，故事正在进行，结局不可预知。现代媒介形成的新体裁例如电影、电视则是兼具两者的特点，是“记录演示”兼而有之。

H5 新闻里有人物、时间、地点、事件、变化等，所以研究新闻的符号文本不可避免要涉及叙述。新闻要求真实、准确、客观，所以 H5 新闻的叙述属于事实性的。由于多媒体的融合，H5 新闻的叙述是“记录演示”兼而有之。

二、H5 新闻作品的传播符号文本分析

2015 年是 H5 元年，H5 新闻开始面世。2016 年后，H5 的制作技术更加成熟，人们对 H5 的理解也更理性和深刻，H5 成了重要节点新闻报道的常用手段。下文从 2016 年到 2021 年的 H5 新闻作品中，每年选取一个传播效果好的 H5 新闻作品，分析其中的传播符号、叙述方式、符号的意义和传播效果。

1. 你有一份来自总理的神秘快递

出品时间：2016 年两会期间。

出品方：人民日报客户端。

作品特色：

策划上：角色选择小游戏类型。第一屏总理化身快递员，手捧快递送给你。页面文字“总理给你送快递了”“谁也没落下，快来看看总理给你送了什么”。在第二屏中，从留乡农民、城市居民、进城务工者、学生、企业经营者、退休人员六个角色中选择自己所扮演的角色，点开角色头像，即可出现总理送给此类人员的神秘快递，点击快递包裹，就可以看到 2016 年此类人员的两会惠民清单。六类人员的清单各不相同。例如城市居民的惠民清单如图 7–3。

两会惠民清单

［2016］ 02号

全体城市居民：

✓ 2016年，国家将重拳处理大气雾霾，重点地区细颗粒物PM2.5浓度继续下降。

✓ 完善支持居民住房合理消费的税收、信贷政策，适应住房刚性需求和改善性需求，因城施策，化解房地产库存。

✓ 2016年，要整合城乡居民基本医报制度，财政补助由每人每年380元提高到420元，国家会加快培养全科医生、儿科医生。

主题词：住房保障、治理雾霾

抄送：街道办事处

图 7–3　城市居民地惠民清单

风格上：漫画风，采用红色作为主色调，蓝色作为辅色调。

交互上，向上滑动两会惠民清单即可看到清单下方的“看看总理还给别人送了什么？”和查看出品方按钮。

分析如下：

（1）传播符号：该作品的传播符号包括文字、卡通形象、色彩等，其中文字符号应用最多。

①文字：首屏上的“总理给你送快递啦！”“看看总理还给别人送了什么”以及第二屏的“先告诉我，你是谁？”“留乡农民”“城市居民”“城市务工者”“学生”“企业经营者”“退休人员”，之后出现“总理的快递到了，快打开！”等文字，继续点开头像后出现“两会惠民清单”及其具体内容。

②卡通形象：留乡农民、城市居民、城市务工者、学生、企业经营者、退休人员六类人群卡通形象。

③色彩：采用红色作为主色调，蓝色作为辅色调。

（2）叙述方式：采用受众选择角色后点击屏幕上快递包裹的方式打开“总理快递”，出现“两会惠民清单”。

（3）符号的意义：每年一度的全国两会是普通老百姓高度关注的事件。随着现代科技的广泛普及运用，政府工作报告和两会的各类信息、花絮常常在短

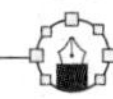

时间内被广泛传播，人们对全国两会展现了前所未有的参与热情。以“总理快递”这一方式将全国两会和政府工作报告中惠及民生的新举措、新政策导向等用“清单”列出，第一时间“快递”到群众面前，对于引导和鼓励群众学习与参与两会有积极作用，这种方式既新颖又有魅力，也为国家大政方针乃至政策、法律法规的宣传普及提供了非常值得借鉴的模板。

（4）传播效果：该 H5 新闻作品的传播符号中文字占比较大，国家重大方针政策、法律法规的相关文字不能出现差错，但是作品漫画风的设计，角色选择游戏的互动方式，既别出心裁又让人倍感温馨，让大众在轻松愉悦的氛围中了解了国家重大方针政策，取得了很好的传播效果。

2. 快看呐！这是我的军装照

出品时间：2017 年建军节。

出品方：人民日报客户端、腾讯。

作品特色：

策划上：借助人脸识别、融合成像等技术，帮助网友生成自己的虚拟“军装照”，共同表达对人民军队的喜爱之情。按照时间的顺序，契合建军 90 周年的历史节点，从 1927—2017 这 90 年间的军装图片中，选定了 11 个阶段的不同军装照片，通过问题“你的军装照怎么不见了？”，点击之后，进入的制作程序是先“选择年代去参军”，点击制作出现提示：“请上传个人照片”，要求上传正面头像照。在选择性别之后，就可以上传照片并合成了，生成属于用户的不同年代的军装照片。军服所属的 11 个年代如图 7–4。

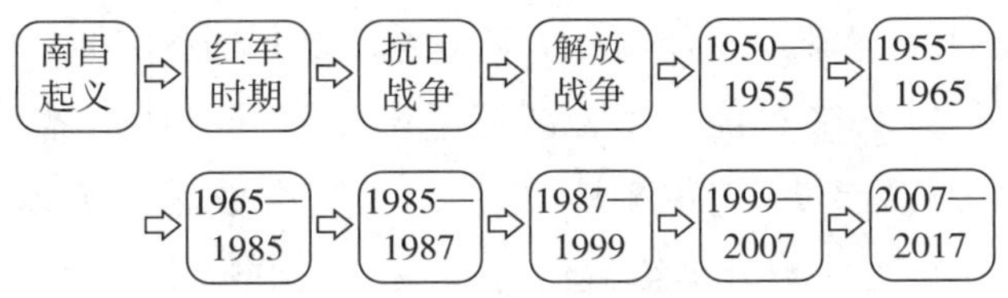

图 7–4　中国人民解放军军服所属年代

风格上：怀旧，通过历史场景、老相册营造怀旧氛围。

交互上：P 图玩法，以相册缺失“你”的照片，引导用户参与，选择军装年份，上传自己的照片，生成军装照。

分析如下：

（1）传播符号：该作品的传播符号包括文字、数字、图片、怀旧场景、旧相册等，其中图片是最主要的符号。

①文字：主要是一些与主题相关、与历史时期相关的关键字，“致敬中国人民解放军！我愿成为像他们一样的人”“中国人民解放军建军 90 周年”等。

②数字：主要是标示军装年代，1999—2007、1987—1999、2007—2017 等。

③图片：该作品选定了不同阶段的军装照片，结合用户上传的照片，利用人脸识别技术，生成属于用户的不同年代的专属军装照片。

④场景：该作品利用老相册营造怀旧的历史场景。

（2）叙述方式：从怀旧场景到旧相册，切换动画像是在翻阅一本记录建军历史的相册，生成照片的年代由远及近。该作品从不同年代军装切入，选择时间生成对应年代的军装，每一个参与用户通过了解认识不同年代的中国人民解放军军装，从而体会到中国人民解放军建军 90 年的进步发展与强大。该 H5 从结构上来说分为三个部分：第一部分，1927—2017 年建军相册，自动翻页展现我军军容军貌；第二部分，以相册缺失“你”的照片，引导用户参与，选择军装年份；第三部分，上传照片生成军装照。

（3）符号的意义：该作品紧扣八一建军节主题借势推出。2017 年是中国人民解放军建军 90 周年，铭记光荣历史，推进强国强军，每一个中国人都为此感到自豪。穿上军装、圆参军梦，独特的设计让人民群众一起参与到建军节的互动中，传递爱国热情，升华中国人民解放军建军 90 周年的主题。

（4）传播效果：这款 H5 是借助人脸识别、融合成像等技术制作的互动产品，2017 年 7 月 29 日晚一经推出，浏览量迅猛攀升。从传播数据来看，根据搜狐网数据统计，截至 2017 年 8 月 12 日，浏览次数累计突破 10 亿；独立访客累计 1.55 亿；H5 链接被分享给微信好友或微信群的次数超过 4800 万次；H5 链接被分享到朋友圈的次数超过 1100 万次。

3. 一分钟漫游港珠澳大桥

出品时间：2018 年 10 月，港珠澳大桥通车。

出品方：网易。

作品特色：

策划上：世界最长的跨海大桥——港珠澳大桥将迎来正式通车的历史性时

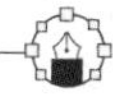

刻，让使用H5的用户一分钟体验穿越伶仃洋去香港的美好过程，同时还普及众多港珠澳大桥的知识，仿佛置身于真实的环境中。每到一段关键的地方，都会展示大桥的知识。例如，这里是中国结造型的开始，也是全桥的最高点，寓意三地同心。在浏览完大桥后，作品会告诉你，你是第多少个通过港珠澳大桥的旅客。你还可以将你在“旅途”中拍摄的照片做成明信片，不仅能记录下美景，还能和朋友一起见证这一“人类超级工程”。

风格上：动画模拟，简单有趣，色彩蓝色调，蓝色的大海和天空，白色为辅，白帆点点、白云悠悠。

交互上：拍摄照片、分享明信片。

分析如下：

（1）传播符号：该作品的传播符号包括文字、矢量动图、真实场景、大桥图片、明信片、数字、手绘图。文字精练，主要是作品名和关键词。作品名《一分钟漫游港珠澳大桥》，作品中利用“关键词”帮助大家更全面地了解大桥，展示关于大桥的知识。例如，“中国结造型，全桥最高点，寓意三地通心”“人工岛就是用来连接桥梁和隧道的”“误差不能超过7厘米，最深海底46米，这是对人类工程能力的挑战”。作品中原创的手绘图、先进的动画模拟和海天相接的真实图景都是非常吸引人的传播符号。

（2）叙述方式：该H5以“一分钟”的轻量级互动为思路，用一种简单有趣的方式引导用户迅速了解港珠澳大桥。通过手绘的形式还原了港珠澳大桥55公里的全程面貌——造型独特的三大通航桥、6.7公里的海底隧道、漂亮精致的人工岛，以及内地、香港的左右车道切换。十分形象。

（3）符号的意义：港珠澳大桥不仅创造了多项世界之最，还是中国人民再一次创造的人类奇迹。将自己“拍摄”的照片做成明信片，分享给好友，让人与人之间有了更好的沟通，共同感受国之壮举和祖国的强大。

（4）传播效果：该作品在港珠澳大桥正式通车的当天，也就是2018年10月24日上线。网易除了充分发挥自己的平台优势外，还联合多个媒体渠道，共同进行内容传播，各自发挥特长，促使此次正能量宣传迅速成为爆款。凭借创新的形式和新颖有趣的内容，截至2018年10月31日15点13分，累计有72207824位独立访客“漫游”港珠澳大桥，朋友圈转发和微信群转发量累计过亿，平均每分钟在线人数高达 16 万。①

4. 复兴大道 70 号

出品时间：2019 年。

出品方：人民日报客户端、快手。

作品特色：

策划上：用一列行驶的火车，作为纵向主线，串起中华人民共和国成立 70 年来的历史，带着观众一起穿越中华人民共和国成立 70 年的光辉岁月。将在纵轴线上的重要历史节点横向拓展，融入 500 多个历史事件和场景，描绘中华人民共和国成立初期及改革开放以来国家的发展成就和百姓生活的变化。配合画面，加入与历史事件相关的原声和每个年代代表性歌曲。作品展现的年代和历史事件见图 7-5。

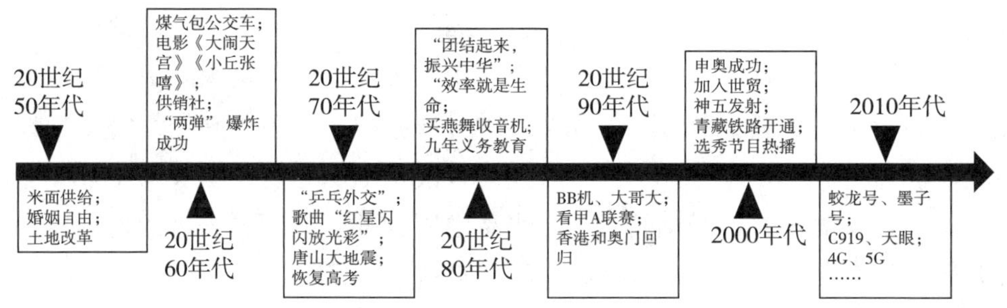

图 7-5　中华人民共和国成立 70 年历史进程一览图

风格上：手绘式超长画卷式；立体动画、AI 换脸、多媒体呈现；情感共鸣

交互上：点击“下车参观”按钮，上传个人照片后进行拍照留念，可以生成年代纪念车票，领取纪念车票，分享给好友。

分析如下：

（1）传播符号：该作品是超长画卷，覆盖 500 多个历史事件和场景，创造了同类新媒体作品的最大尺寸和最全内容的记录。其传播符号十分丰富，具体包括历史事件场景、人物、建筑、物品、声效、动画、历史图片、手绘图片、AI 换脸、文字等。其中覆盖了 500 多个历史事件和场景，制作方通过查阅不同

① 邱婷程，郑勇华．“一分钟漫游港珠澳大桥”H5 为何能刷爆朋友圈［J］．传播力研究，2018（36）：106.

年代的报刊、画册与纪录片，搜集了上千张珍贵的历史图片。在画面场景的呈现上，大到历史事件，小到墙体上的标语、字体和各个时代人物的着装、发型等，都有据可依，忠于事实、还原历史画面，带给用户更加真实的体验。4 000多个人物、500余座建筑、200余件物品都在大量调查的基础上力求还原历史真实面貌。

其中的声效也是极其用心，有开国大典上毛主席的声音、孩童的欢声笑语、中国女排比赛时宋世雄解说的声音、北京奥运会中解说员的声音、第六套广播体操的广播声等与历史事件相关的声音，还使用了各时期具有代表意义的歌曲，例如《红星歌》《花儿为什么这样红》《七子之歌》《冬天里的一把火》《北京欢迎你》《我爱你中国》等。

（2）叙述方式：该作品运用“一镜到底”的叙事手法，纵向布局与横向延展相结合的散点透视构图，将500多个历史事件和场景囊括其中，描绘中华人民共和国成立初期及改革开放以来国家的发展成就和百姓生活的变化。一开始提示加载页面，是从车窗内向车窗外观看；随着用户不断滑动屏幕，从中华人民共和国成立开始，讲述社会和人们生活的变化，滑动的过程中，在长图中有14处“下车参观”按钮，可以上传个人照片后进行拍照留念，利用人脸融合技术生成年代纪念车票；最后，有“领取纪念车票”按钮，可以分别保存刚刚领取的纪念车票海报，也可以分享给好友。

在H5新闻建构的文本空间中，受众的角色是高铁上的乘客，随着手指在屏幕上的滑动，窗外“复兴大道”的历史场景按照时间轨迹依次呈现，配合数字模拟声效、动画等多项技术，营造出“边走边看”的视觉体验。

（3）符号的意义：《复兴大道70号》长卷以“鸿篇巨制”的方式，以多感官、沉浸式体验的形式，全面、立体地展现了中华人民共和国成立70年来的变化，描绘了改革开放以来国家的发展成就和百姓生活的变化，深度唤起了用户的回忆，引发了广大网友的情感共鸣，使人们更加珍惜来之不易的幸福生活，更加热爱我们伟大的祖国。

（4）传播效果：《复兴大道70号》在人民日报“两微一端”首发，据《采写编》杂志社统计，全网浏览量超过2.6亿，总点赞量超千万，转发量近百万，评论量近30万，话题“复兴大道70号”阅读量2.2亿，成为现象级的融媒体传播作品。

5. 行走黄河滩·我的迁建故事

出品时间：2020 年。

出品方：大众网。

作品特色：

策划上：作品聚焦黄河滩区迁建一线，用“小人物”讲述脱贫攻坚的宏大故事。作品由“开篇视频”“我的迁建故事”“迁建概述”三部分内容构成。让受众跟随记者的采访脚步，走进山东省沿黄各市多个滩区村，深入迁建一线，聆听建设者们的故事，见证新时代下黄河滩区居民生活发生的巨变；记录山东全省在打赢脱贫攻坚战、全面建成小康社会过程中所做的努力，感受黄河滩区群众追逐多年的安居梦、致富梦变成现实的喜悦。

风格上：总体上大气磅礴，以画家专门创作的长卷图为载体，融合图文、航拍、VR、短视频等多媒体，以反映黄河的音乐为辅，多方位多角度呈现作品主题。在“故事画卷”中，用了 7 个航拍视频，视野开阔，恢宏大气。

交互上：采用点击打开方式，画卷上依次排列着山东省沿黄河的7个地市，每一地链接着航拍视频、人物故事、VR、音频、读图，都可通过受众点击的方式打开。

分析如下：

（1）传播符号：集合了图片、视频、VR、采访声音、文字、音乐等丰富形式。开篇用 2 分 08 秒的视频呈现，在“故事画卷”中穿插了 5 个时长在一分钟以内的短视频、7 个航拍视频、7 个 VR 作品、7 个读图、7 段人物采访录音，文字主要用在“迁建概述”中。

（2）叙述方式：“以小见大”，用迁建一线的感人故事讲述了脱贫攻坚的宏大故事。分成“开篇视频”“故事画卷”“迁建概述”三个板块，主体部分是故事画卷，巧妙地采用横屏画卷的创意方式，依次展示菏泽、济宁、泰安、济南、淄博、滨州、东营的故事，并把大量的信息做成地图故事线加以展示。

（3）符号的意义：该 H5 作品紧扣“脱贫攻坚”重大主题，并聚焦黄河滩区迁建这个意义点，黄河滩区是贫困人口相对集中的地方，是打赢脱贫攻坚战的重要区域，作品契合国家层面的传播主题，紧扣“脱贫攻坚”，为黄河滩区迁建营造良好舆论氛围。

（4）传播效果：这支 H5 在“山东人民”社交圈内“刷屏”并获得千万浏

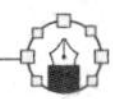

览量，为黄河滩区迁建营造了良好的舆论氛围。作品赢得了广大网友、迁建者、滩区村民和媒体同行们的普遍认可和点赞，成为全国脱贫攻坚主题报道的经典案例。据统计，在专题推出当晚，内容即被人民视频、央视频、今日头条、腾讯、搜狐、新浪、一点资讯、大风号等多家中央和省级重点新闻网站、商业网站转载，为黄河滩区迁建营造了良好的舆论氛围。

6. 致你我的花样年华

出品时间：2021 年。

出品方：南都传媒。

作品特色：

策划上：作品在 2021 年全国两会期间推出，对政府工作报告、政协常委会工作报告、“十四五”规划纲要草案、财政预算报告等文件中的重要数据和提法进行了创意性呈现。用明艳、柔美的各式花朵的盛开，去呈现国家的重要方针政策。作品首页梅花、雏菊等大小、形状不一的花朵上写着主题名称，点击进入就能查看相应文件中的重要内容。例如，点开“政府工作报告 2021.3.5”字样的花朵，可以看到当年 GDP 的预期目标、财政赤字率、去年的物价变化、就业状况等数据。首页面上还有两个闪烁的小球，点击就可以看到具体内容。

风格上：插画，以红色为基调，颜色深浅不一、形态各种各样的花朵的图表，每个图表都是动态的，展示数据的同时呈现了花朵缓缓展开的过程，配合背景音乐，富有美感、轻快灵动、明艳沉稳。

交互上：采用点击打开方式呈现各重要数据。

分析如下：

（1）传播符号：该作品的传播符号包括花朵、表格、数据分析、动态图表、音乐、文字。花朵主要是梅花、雏菊，大小形状不一，花朵与文字、数据融合在一起。音乐作为背景，风格轻快灵动。页面色调以浅灰为底色，点缀红色花朵，既明艳又沉稳。文字用在关键词、政府工作报告中。

（2）叙述方式：作品以花朵为主题，对政府工作报告、政协常委会工作报告、“十四五”规划纲要草案、财政预算报告等文件中的重要数据和提法进行呈现。打开作品，梅花、雏菊等大小、形状不一的花朵上写着主题名称，点击进入就能查看相应文件中的重要内容。

（3）符号的意义：各种大小形态的花朵是该作品最亮眼的符号，它把政府工作报告、政协常委会工作报告、“十四五”规划纲要草案、财政预算报告等文件信息，变得生动、有新意、有美感，使受众乐于接受。同时“花样年华”一语双关，隐含着人们追求美好生活的愿望。

（4）传播效果：该作品表现最突出的是其对数据清晰、有创意的呈现。以各种各样的花朵形状来表现枯燥乏味的数据，而且每个图表都是动态的，呈现了花朵缓缓展开的过程，配合轻快灵动的背景音乐，十分有美感，作品一出品就受到欢迎，产生了较好的传播效果。

从以上选取的 6 个 H5 新闻作品来看，H5 中的传播符号是十分丰富的，文字、图片、声音、视频、网页、VR、AR、航拍图片、直播、数据、图表甚至花朵都可以成为作品的符号。不同符号的融合构成符号文本，加上独特的叙述角度，共同传达着新闻的意义。H5 的应用让媒体从沉闷乏味的信息传递形式向新颖、有趣、富有美感的方向转变，而且其在新闻媒体传播中占据越来越大的比重。创意十足的 H5 作品备受欢迎，可以瞬间引爆全网，获得千万甚至数亿的浏览量。新闻作品要获得成功，不仅仅是依赖 H5 可视化技术，还应该有思维观念的创新，以内容为王、以创意为王，实现创意与技术的完美融合，才是 H5 新闻的最终目标。

第八章　从 AI 虚拟新闻主播看智能化传播符号

第一节　AI 虚拟新闻主播

近几年来，AI 虚拟新闻主播成为社会热门话题。AI 虚拟新闻主播又称为“虚拟人”“数字人”。据天眼查数据显示，中国现有“虚拟人”“数字人”的相关企业达 38.6 万余家，2017—2021 年，5 年内新增注册企业增速复合增长率近 66.3%。新华社、中央广播电视总台、《人民日报》等媒体和信息技术公司正加大研发力度，充分发挥 AI 虚拟主播在新闻播报上的重要作用。2021 年 10 月，国家广播电视总局正式发布《广播电视和网络视听“十四五”科技发展规划》，其中在“主要任务：加快媒体深度融合，建设智慧广电新平台”中明确提出：“推动虚拟主播、动画手语广泛应用于新闻播报、天气预报、综艺科教等节目生产，创新节目形态，提高制播效率和智能化水平。”可见，AI 虚拟新闻主播受到国家相关部门的高度重视。下文将介绍什么是 AI 虚拟主播以及近年来的 AI 虚拟新闻主播。

一、什么是 AI 虚拟主播

1. AI 虚拟主播

虚拟主播又叫“虚拟人”“数字人”，它是指结合人工智能与三维虚拟形象技术，可自主承担策划、编辑、主持、制作等一系列工作的主播。

2001 年，英国推出世界首位虚拟主持人“阿娜诺娃（Ananova）”，虚拟主播由此进入公众视野。CNN（美国有线电视新闻网）将其描述为“一个可播报新闻、体育、天气等的虚拟播音员，堪比一个真实的有血有肉的主持人”。阿娜诺娃可以根据新闻脚本快速制作视频，并实现 24 小时持续播报。随后，日本推出了“寺井有纪（Yuki）”，美国推出了“薇薇安（Vivian）”，韩国推出了“露西雅（Lusia）”这些虚拟主播。

中国最早的虚拟主播是 2001 年出现在天津电视台《科技周刊》节目里的“言东方”。2004 年，CCTV 电影频道也推出了虚拟电视节目主持人“小龙”，主持《光影周刊》栏目。早期的这些虚拟主播，囿于技术水平，智能化程度较低，应用范围有限，最终销声匿迹。

随着近几年 AI、3D 建模技术的进步，虚拟新闻主播逐步回到大众的视野。与早期出现的虚拟主播相比，新一代的虚拟主播形象更为多样，数量更为庞大，功能更加智能化，引起的反响也更大。出现了较多以知名主播为原型的 AI 虚拟主播。例如，搜狗和新华社联合推出以主持人邱浩为原型打造的虚拟新闻主播；《人民日报》与科大讯飞合作开发的 AI 虚拟主播“果果”；相芯科技携手京东 AI 一起打造的虚拟主播“京小蕾”“京小帅”；科大讯飞以央视国际频道主持人纪萌为原型打造的虚拟主播“纪小萌”……AI 虚拟主播的出现和完善，为推动新闻事业的发展和媒体的深度融合发展注入了新的动力。①

2. 虚拟主播的优势

虚拟主播与真人主播相比具有以下几点优势。

（1）新闻播报工作失误更少、效率更高。真人主播哪怕再优秀，难免会由于身体疲惫、精力不足、时间不够等因素，出现误读、口误、漏字等情况。人毕竟不是机器，不能长时间不停歇地工作。AI 虚拟主播可以按设定内容播报，有效规避了新闻播报的错误，可以实现零失误。AI 虚拟主播可实现实时待命、实时待岗，且不会因身体问题，造成工作延误、效率低下等问题，提升了新闻报道的工作效率。

（2）新闻传播手段更丰富。在内容形式上，AI 虚拟主播除了具备声音、图像传播外，还可以利用 VR、AR、MR 等技术，实现立体、多元的交互场景，

① 周芸吉．AI 虚拟主播在新闻媒体中的现状及运用 [N]. 贵州政协报，2022-7-05（3）．

增加节目内容的观感。在语言表达方面，可根据不同的程序设定，播报不同的语种和声音。

（3）新闻播报工作更简捷。传统的新闻播报，需要记者、编辑、主播、剪辑、配音等人员，团队协作完成，人工成本和时间成本较高。而AI虚拟主播借助相关软件，可独立完成信息采集、稿件撰写、配音、剪辑合成等工作，使新闻播报工作更简捷高效。

二、近年来的AI虚拟新闻主播

随着人工智能技术的发展，2019年以来，在新闻传播中陆续亮相了一些虚拟主播。这些虚拟主播主要是由大型主流媒体机构和科技公司共同研发的，媒体机构包括新华社、中央广播电视总台、上海文化广播影视集团。虚拟主播往往借着两会、冬奥会等重要的时机"出圈"，成为重大新闻报道中最大亮点。虚拟主播改变了以往传统的报道方式，给观众带来全新的交互体验，吸引了更多年轻群体来观看。下文以名片加文字的方式介绍近年主要的虚拟新闻主播及其工作内容。

1. 女主播"新小萌"

虚拟主播"新小萌"

生日：2019.2

家长：新华社、搜狗公司

身份：全球首个AI合成女主播

形象：以新华社主播屈萌为原型

特点：

拥有真人的外形和声音

齐耳短发、直发

红色职业装

能站能坐

会笑会说

图8–1　虚拟主播"新小萌"名片

虚拟主播"新小萌"的第一个工作任务，是参与2019年召开的十三届全国人大二次会议报道工作。

2. 虚拟主播“雅妮”

虚拟主播“雅妮”

生日：2019.8

家长：新华社、搜狗公司

身份：升级版AI合成女主播

形象：自有形象，青春靓丽

特点：

微笑、点头、挥手、点赞

智能化、人性化

能与多地嘉宾同时连线、实时互动

图 8-2　虚拟主播“雅妮”名片

虚拟主播“雅妮”的工作如下：

2020 年 9 月，央视 2020 最美教师盛典在北京隆重举行。虚拟主播“雅妮”担当客串主持人，一经亮相便以青春靓丽的主持形象和自然风趣的主持风格吸引了全场目光。

2021 年 3 月 8 日是国际劳动妇女节，虚拟主播“雅妮”这次穿越到宁夏和福建，到全国人大代表马慧娟和雷金玉的家乡，在沉浸式真场景中，与乡亲们实时互动，并同步连线北京。

2021 年 8 月 2 日，2021 全球数字经济大会在北京召开。在开幕式上，虚拟主播“雅妮”亮相并主持全球数字经济大会“时空进行时”环节，主持人“雅妮”和硅谷创业教父史蒂夫・霍夫曼（Steve Hoffman）、特斯拉首席执行官埃隆・里夫・马斯克（Elon Reeve Musk）等多位业界大咖现场连线，线上共话数字经济。

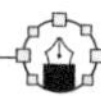

3. 虚拟主播“申苏雅”

虚拟主播“申苏雅”

生日：2020.11

家长：上海文化广播影视集团有限公司

身份：首位在中国大型新闻直播中亮相的虚拟新闻主播

形象：有两种风格形象

“二次元”形象——萌

数字人”形象——飒

特点：

会主持节目与活动，

将会在社交平台分享自己的工作和生活

向年轻用户展现不一样的新闻气质

图 8–3　虚拟主播“申苏雅”名片

虚拟主播“申苏雅”的工作如下：

2020 年 12 月 11 日，发布第一期《上海早晨——“申苏雅”的一周要闻》视频，视频内容为盘点一周重点、热点、有趣的新闻内容，此后该节目一周更新一期。

2020 年 12 月 31 日，参加了东方卫视跨年演唱会《梦圆东方 2021》和李雪琴聊天。

2021 年 1 月 23 日，上海市两会开幕，“申苏雅”作为出镜记者在 1 月 23 日—27 日上视新闻综合频道的《上海早晨》节目中亮相，主要播报内容是预告当天的会议安排等。

4. 虚拟主播“小 C”

虚拟主播“小 C”

生日：2021.3

家长：央视网

身份：3D超写实数字人

形象：青春靓丽、甜美亲切

特点：

能与两会代表委员、专家学者互动

能解读两会热点

能灵活地提出问题

面对不同的答案有不同的反应

图 8-4 虚拟主播“小 C”名片

虚拟主播“小 C”的工作如下：

2021 年的两会期间，“小 C”首次亮相，在《两会 C+ 真探系列直播节目》中担任起了记者的角色，与梁倩娟、马慧娟、吴端华等全国人大代表进行“云端连线”。

2022 年两会，“C+ 时刻”，直播过程中“小 C”与嘉宾实时交互，表情和动作延迟控制在秒级。直播中“小 C”拟真度高、面部表情丰富、全身动作灵活流畅，增加了用户观看的代入感，带领观众了解焦点议题，有效实现了现实世界的真人与数字世界的“小 C”无缝交互。

目前，虚拟主播“小 C”已在 2021 年全国两会、2022 年全国两会、2020 年东京奥运会、2022 年北京冬季奥运会、2021 年中国国际智能传播论坛、第六届世界智能大会、第二届中国网络文明大会、2022 年重大主题宣传报道等活动中出镜，并两次登上《新闻联播》栏目。

5. 虚拟主播“AI 王冠”

虚拟主播“AI王冠”

生日：2022.3

家长：中央广播电视总台

身份：首个超仿真虚拟主播

形象：以央视主播王冠为原型

特点：

拥有超自然语音、

拥有超自然表情

具有学习能力

可实现与真人实时交流

图 8–5　虚拟主播“AI 王冠”名片

虚拟主播“AI 王冠”的工作如下：

2022 全国两会期间，央视频推出总台首个拥有超自然语音、超自然表情的超仿真主播“AI 王冠”，在两会新媒体报道中，为用户带来最新的内容解读。同时，也推出了第一档由真人主播与虚拟主播同框互动的两会特别节目《“冠”察两会》，为两会报道注入科技“创新力”，充分彰显 AI 技术在新闻领域应用的前沿成果。“AI 王冠”是央视频第一位“元宇宙特约评论员”，他还可以与嘉宾进行连线互动。2022 年起，“AI 王冠”将被积极用于新闻和经济类节目。

6. 2022 年冬奥会的虚拟主播

2022 年 2 月 4 日至 2 月 20 日冬奥会在北京举行，北京冬奥组委大量使用机器人和数字人提供服务。虚拟数字人几乎全程参与奥运会。在“相约北京”奥林匹克文化节开幕式上，虚拟歌手洛天依一展歌喉，演唱的 *Time to Shine* 点燃了会场，为冬奥会宣传助威。还有中国移动咪咕演播室里的数字谷爱凌（Meet Gu）、全年 24 小时无休的 AI 手语主播、数字人版奥林匹克公益宣传大使 REAI、虚拟气象主持人冯小殊等，都参与到了冬奥会的赛事播报、解说中。冬奥会整个场内外，数字人和虚拟偶像随处可见，开始为人类上岗。

以上所列是近年来知名的 AI 虚拟新闻主播。虚拟主播的产生源于虚拟技术的发展和应用，VR、AI 等虚拟技术被引入各大媒体，在这些技术推动下，

AI虚拟主播越来越多地应用于各类播报场景，新闻报道的内容形态和表现形式将面临全面升级。2021年国家广电总局发布的《广播电视和网络视听“十四五”科技发展规划》重点提到，推动虚拟主播、动画手语广泛应用于新闻播报、天气预报、综艺科教等节目生产，创新节目形态，提高制播效率和智能化水平。可以预测，在技术的进步和国家政策的鼓励下，利用虚拟技术将热点新闻以更生动、更直观的形式传播出去或将成为新趋势，虚拟主播正在成为广电领域的新风向。

第二节　智能化的传播符号

一、AI虚拟新闻主播是智能化的传播符号

虚拟主播既是独特的传播者，也是科技时代的一种传播符号。

虽然AI虚拟新闻主播也叫“数字人”，它也具备几近完美的人物外形，但它依然是机器，是智能化的机器，人类借助它去传播各种类型的新闻信息。所以，AI虚拟新闻主播是智能化的传播符号。

智能化是指事物在计算机网络、大数据、物联网和人工智能等技术的支持下，所具有的能满足人的各种需求的属性。相对于传统媒体，智能化是建立在数据化基础上的媒体功能的全面升华。它意味着新媒体能通过智能技术的应用，逐步具备类似人类的感知能力、记忆和思维能力、学习能力、自适应能力和行为决策能力，在各种场景中，以人类的需求为中心，能动地感知外界事物，按照与人类思维模式相近的方式和给定的知识与规则，通过数据的处理和反馈，对随机性的外部环境做出决策并付诸行动。①

AI虚拟新闻主播的智能化体现在：AI虚拟新闻主播可以代替真正的新闻主播去完成播音、主持、采访、连线等工作；能够模拟主播的声音、音色、语气、节奏、情绪、韵律、样貌、表情甚至装束等多个维度特征，通过精密的程

---

① 程栋．智能时代新媒体概论［M］．北京：清华大学出版社，2019：26-27.

序指令，完成新闻主播的部分工作内容；能够唱歌，懂得手语，听得懂人话并可以做出回答。例如，虚拟主播“小 C”就能听、能说、能互动，她具备人的思想，能够真实理解嘉宾的观点，可以快速以语音、动作输出自己的表达，与现场嘉宾自由互动。在节目中，“小 C”与真人主持人几乎没有差异。“小 C”还会流露出俏皮可爱的表情，如：

小 C 对观众闭上一只眼做鬼脸；

小 C 对观众吐舌头；

小 C 对观众挥手。

二、智能化符号是“传媒 + 科技”的产物

AI 虚拟新闻主播是智能化的传播符号，这一符号完全是“传媒 + 科技”的产物。虚拟新闻主播的每一项智能化表现，都离不开科技的推动和创造。

例如，虚拟主播“冯小殊”，他之所以能在面容、表情、肢体动作等方面的整体自然度与本人相差无几，主要是结合了小冰深度神经网络渲染技术（Xiaoice Neural Rendering，XNR）及小样本学习技术。同时，在语音专家模型、嘴型专家模型及人脸渲染专家模型的训练下，“冯小殊”准确学习了冯殊本人的嘴部动作、眼部及脸部肌肉之间的协同关系。

又如，2021 年两会期间，央视网“小 C”数字虚拟主播在《两会 C+ 真探系列直播节目》中担任起了记者的角色，与梁倩娟、马慧娟、吴端华等全国人大代表进行“云端连线”。该模式运用了 AI 科技最新成果，将数字人技术和云连线技术有机结合。2022 年，《两会 C+ 时刻》直播过程中，小 C 的表情、身体、服装均呈现出真实、流畅、自然的效果，且支持与嘉宾实时交互，表情和动作延迟控制在秒级。这样的表现源于“实时面部 + 动作捕捉”“实时渲染”“深度学习”等多种硬核技术的支持。

再如，AI 手语主播虚拟数字人背后，涉及计算机图形学、图形渲染、动作捕捉、深度学习、语音合成等多种技术。AI 手语主播不仅需要具备高精度的数字人形象，还需要具备能够语音识别、手语翻译和手语表达的 AI 大脑。据悉，百度智能云目前建立了规模庞大的手语动作库，基于《国家通用手语词典》规范，结合动作捕捉设备和真实手语老师的双向调优，精修了近 1 万个手语动作，保证了手语表达的动作准确性。同时，通过 4D 扫描技术，让

AI 手语主播口型生成准确度达到 98.5%。虚拟手语主播的“AI 大脑”依托百度智能云，通过百度自主研发的机器翻译技术，百度智能云构建出精确的手语翻译引擎，可懂度为 85% 以上，结合百度自研的语音识别技术，可将冰雪赛事的文字及音视频内容快速精准地转化为手语；同时再通过专为手语优化的自然动作引擎，完成 AI 手语主播的动作驱动，实时演绎为数字人的动作、表情和唇语。

三、智能化符号的审美意义

AI 虚拟新闻主播是智能化的传播符号，也是视觉符号和动态符号。作为视觉符号，其展示在受众眼前的形象必须具有美感，需要符合大众的审美和欣赏习惯。只有这样，AI 虚拟新闻主播才能被受众接受和喜爱。

如今的网络世界里，虚拟人可以有不同的展现形式。以形象划分可分为四大类：二次元形象、3D 卡通形象、3D 写实形象、真人形象。目前，出现在大众视野里的虚拟新闻主播形象主要有两类，一类是真人形象，外在形象、面部表情、服装搭配、说话声音、肢体动作都是完全基于真实主持人生成的；另一类是技术合成的 3D 数字人形象，按照流行审美元素制作出来的“帅哥靓妹”。

目前出现了较多以知名主播为原型的真人形象 AI 虚拟主播。在技术的支持下，这类虚拟主播的长相、神态、动作、声音都与真人主播神似。例如：央视国际频道推出的根据主持人纪萌打造的虚拟主播“纪小萌”；搜狗和新华社联合推出的以主持人邱浩为原型打造的虚拟新闻主播；中国气象局联合小冰公司推出的以“中国天气”主持人冯殊为原型的数字气象主播“冯小殊”；北京广播电视台依据主持人春妮打造的数字人主播“时间小妮”。

真人形象类的虚拟主播，其形象与真人直播相比可以达到“以假乱真”的效果，其形象体现了传统主播的形象。另一类 3D 数据人的形象，在 AI 虚拟人直播系统拥有丰富的形象库，不仅能根据受众喜好、需求、个性化选择来创造五官，创造一个全新的虚拟人，还可以根据不同场景赋予其相应的形象气质。从近年表现活跃的 AI 虚拟新闻主播形象看，我们可以直观地感受到它们延续了大众对传统新闻主播的审美需求。它们的形象创造，无论是发型、动作、神态、声音还是气质风格，都依然遵循传统新闻主播的形象要求，体现了我们这个时代的主流审美观。

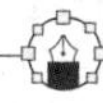

传统新闻主播的形象要求包括外形样貌、动作神态、服饰装扮、气质、声音等。

外形样貌上要求五官端正，气质较好就可以。不一定要颜值多高，但眼睛一定要有神。为了取得好的上镜效果，一般是眼睛大、鼻子小。中央电视台新闻主播一向备受大众关注，他们的脸被民众戏称为“国脸”。邢质斌、李瑞英、欧阳夏丹、李梓萌等央视新闻主播在样貌上并不是“国色天香”，而是端庄大方，眼睛炯炯有神。为了显示出沉稳和干练的形象，新闻主持人一般是短发。短发又分为齐耳和齐腮、有刘海和无刘海多种，需根据主持人的脸型来变换。

动作神态是一种语言，可称为肢体语言，具体包括面部表情和肢体动作。新闻是一种独特的节目体裁，基本要求是严肃、自然，这也就要求主持人在播报时面部表情不能过于丰富亦不能过于僵硬，脸部宜略带微笑，做到既庄重又亲切。新闻主持人一般采用的是坐姿播报，这种姿势容易打造出一种稳重的形象，营造出探讨交流的气氛。正确的坐姿应是身体放松，两肩自然下垂，上身略向上拔，小腹微收，保持挺拔向上的精神风貌。时政新闻主要是在宣传国家和政府的方针政策，定位是严肃类节目，要保持高度的严肃。民生类新闻主要反映老百姓身边的事情，和大家的日常生活息息相关，为了拉近和观众的距离，使主持人更具亲和力，可以适当使用一些日常聊天时的手势动作，但不宜过多，同时还应避免做作。①

一般而言，主播的着装是为观众而穿、为传播效果而穿。着装要符合大众的审美，要根据新闻特点，风格以简约、大方、典雅为主，既不过于时尚也不过于落伍。服装颜色方面，夏季颜色会清淡些，冬季则会选用深色。有时根据播报的新闻内容，选择相配的服饰，例如逢年过节，会穿得喜庆一点，女主播穿上红衣服，男主播打红领带。

形象气质的基本要求是端庄、大方、亲切、自然、大气或有灵气。

对于新闻主播的声音形象，张颂先生在其著作《中国播音学》当中明确指出播音语言样态的“三性三感”，即播音语态要注意“规范性、庄重性、鼓动性；时代感、分寸感和亲切感”。新闻主播的声音形象要求是音色纯正、语音规范，语言要自然大方、庄重、沉稳、大气，具有权威性，真实可信。

---

① 马琴．电视新闻主持人对形象的把握[J]．新闻传播，2013（2）：144.

近年来，随着新闻事业的发展，新闻播报的风格从“播新闻”到“说新闻”再到“聊新闻”，新闻主播给人的亲切感显得十分重要，大众需要轻松、幽默、亲切的风格。随着网络红人的流行，“大眼睛，瓜子脸，高鼻梁，尖下巴，喜欢嘟嘴卖萌”的形象成了流行时尚，受到年轻受众的欢迎。

例如：在 2021、2022 年两会期间，热度很高的央视网数字虚拟主播“小C”，端庄美丽、大眼睛，留一头清爽干练的短发，语音规范、自然大方。

受到技术进步和艺术审美的影响，虚拟主播开始拥有自己独一无二的创意外形。从 2D 到 3D，再到超写实数字技术，虚拟主播的人物美化度逐渐趋于完善。在技术上，虚拟形象的一根发丝，一个微小的表情都可以做到逼真的效果。目前已经有虚拟主播形象制作软件、虚拟主播形象库供人选择。需要强调的是新闻虚拟主播有自己的独特性，其形象气质要符合主播职业形象基本要求。但如果研发出越来越多的虚拟新闻主播，都是标准化的五官和形象，那也会没有辨识度，也容易引起审美疲劳。因此，虚拟主播形象要有个性特征，以便有辨识度和区分度。例如，上海的虚拟主播“申苶雅”形象就具有个性特征，头发设计为白色是取上海市花白玉兰花的颜色，白玉兰象征着勃勃生机的意义。“申苶雅”形象定位为“萌”和“飒”两种风格，就极具个性特征。虚拟主播形象设计还要注意年轻受众的审美倾向。90 后、00 后正成为新闻媒体的主要受众，他们的审美倾向也是虚拟主播设计必须考虑的因素。虚拟主播“申苶雅”的“二次元”形象受到年轻受众的欢迎，就是一个成功的案例。

四、智能化符号的情感意义

符号是携带意义的标记，意义必须用符号才能表达，在符号的意义中包括情感意义。例如，汉语言符号中的词义有感情色彩，反映自然事物的词一般不带感情色彩，而和人相关的词常常带感情色彩。感情色彩具体包括褒义色彩、贬义色彩和中性色彩。非语言符号也参与情感传播，一是非语言符号本身与情感相关，能传递情感，二是非语言符号传递的信息也带着感情色彩。虚拟数字人是科技时代智能化的传播符号，它同样关联着情感，具有情感意义。

让·鲍德里亚（Jean Baudrillard）在《物体系》中曾以“机器人”的案例去解释人们为什么对这种虚拟产品如此感兴趣，“因为它是物的神话学的终结，在它身上，聚集了我们和环境深层的关系中的所有幻想”。的确，在虚拟

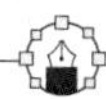

数字人这一智能化的符号中，寄托了人们对虚拟偶像的形象、声音、才艺和人格魅力等方面的想象和期待。近几年，越来越多的数字虚拟人逐渐走进社会的各个方面，通过不同的形象、性格、功能给大家习以为常的工作和生活带来更新鲜、更具温度的体验，引发了大众对它们的好奇、喜爱等情感体验。例如，虚拟主播申䒕雅——上海广播电视台旗下虚拟主播，是国内主流媒体推出的第一个具有新闻属性的二次元偶像。她的角色形象定位为一名土生土长的上海小囡，爱好阅读、看展、唱歌、跳舞、晒照，也是一枚小吃货，最爱奶茶、烤肉、糍饭团。学生时代，她已是颇受欢迎的校园主播，毕业后进入SMG（上海文化广播影视集团有限公司）成为一名实习主播。是一个青春靓丽、活泼可爱、可萌可飒的形象。

据中广互联独家报道，“申䒕雅”在短时间内获得了4万粉丝喜爱，多条视频浏览量超过10万，视频总浏览量近120万，评论互动量过万，动态总浏览量过百万，深受年轻受众喜爱。

“申䒕雅”身上体现了受众的情感需求。情感是人对客观现实的反映，是人对客观事物是否符合自己的需要所做出的一种心理反应，大众传媒的情感传播能够影响受众并产生相关的情感体验。在虚拟主播的传播中，语言的音调、音量、语速等都是表达感情的手段，新闻人物当时的情感状态，也是影响受众相关情感的必要手段。例如，申䒕雅的声音清晰、清脆、悦耳，充满活力，观众听了很喜欢。

在利用智能化符号表达情感意义时，我们需要考虑的是虚拟主播表达的情感的独特性，即其情感表达实际上是技术控制的、程序设计的，到底算不算真实的情感？例如，数字人主播“时间小妮”的技术团队对主持人徐春妮自然朗读的7 000个句子与其形象表情进行影像采集和智能处理，经过情绪仿真引擎，赋予“时间小妮”如同真人的情感表情。这种设计出来的情感是否真实？人工智能究竟能否拥有情感？按照目前的科技实力，人工智能其实还不能单独产生情感。情绪感染力差、缺乏创造能力是AI虚拟主播目前的劣势所在。

第九章　个案分析：解读《经典咏流传》中的传播符号

《经典咏流传》是中央电视台综合频道和央视创造传媒有限公司联合制作推出的文化音乐节目。节目自 2018 年开播，每年一季，每季 11 期，截至 2022 年共出品五季 55 期节目。节目用“和诗以歌”的形式将传统诗词经典与现代流行歌曲相融合，在注重节目时代化表达的同时，深度挖掘诗词背后的内涵，讲述文化知识、阐释人文价值、解读思想观念，为现代文明追本溯源，树立文化自信。

节目由撒贝宁主持并朗诵诗词，以明星或普通人为代表的经典传唱人，用流行歌曲的演唱方法重新演唱经典诗词，带领观众在一众唱作歌手的演绎中领略诗词之美。歌曲演唱完毕，由传唱人、其他嘉宾讲述歌曲创作背景和时代意义。最后进入鉴赏嘉宾团的鉴赏时刻，由康震解读经典背后的诗词人文背景，鉴赏团成员负责歌曲点评，带领观众共同品鉴歌词的文化内涵。经典传唱人不仅有艺术名家，也有后起之秀，还有许多热爱生活的普通人。他们结合自身的音乐风格，将经典诗词转化为优美的歌曲，用现代的唱法和曲调来演绎传统经典。

《经典咏流传》将中华经典的诗词文化与电视媒介、网络平台、音乐平台有机结合，体现了融媒体时代的传播特征。播出的网络平台有：央视网、腾讯视频、爱奇艺、优酷视频；播出的音乐平台有：QQ 音乐、酷狗音乐、酷我音乐。

节目播出以来好评如潮。《光明日报》评价它：在文化传递和音乐创新上都达到了一个新的美学高度，在满屏喧嚣浮躁的泛娱乐化包围中脱颖而出，坚守自己的艺术品质和文化立场，将经典诗词与时代背景紧密结合，让观众重新

感受中国传统文化的独特魅力和不竭的生命力。它带给观众的不仅是复苏文化记忆的历史呈现，更是民族文化发展的时代强音。《人民日报》评价它：立足于“再造当下的流行和未来的经典”的定位，意识到将文学性和音乐性合二为一，采取星素结合、老少同台、中外交融的形式，将传统文化的传播和传承上升到全民参与的高度、美学引领的深度。北京音乐家协会主席王黎光评价它：将《经典咏流传》的一些优秀歌曲推广给中小学生，让孩子有自己的歌曲，也让中华民族传统文化的经典烙印在下一代的心中，这是非常好的推广中华文化的手段。

该节目在豆瓣评分得分很高，总观看量、点赞量达到上亿次。据腾讯网报道显示，第五季《经典咏流传·大美中华》开播以来，截至2022年7月14日，微博主话题阅读、讨论增量分别达14.1亿次、133.2万条。本季节目全网视频播放量累计破10亿次，登上各新媒体平台热搜热榜330余次，这足以显示出《经典咏流传》强大的传播效果。节目因其创新性连连获奖，成为唯一囊括星光、白玉兰、亚广联三项大奖的电视综艺节目。该节目于2018年获得第24届上海电视节“白玉兰奖”的“最佳季播电视节目”；2019年获得第56届“亚洲—太平洋广播联盟大奖”的“年度广播电视创新创优节目”；2020年获得第26届电视文艺“星光奖”的“电视文艺栏目奖”。

对于《经典咏流传》这样一个特色鲜明、创意十足、传播效果显著的大众传播节目，下面我们就从传播符号的角度来探究它的魅力。

第一节　《经典咏流传》中语言符号“美”的意义解读

“美”是一个汉语常用字，也是一个语言符号。许慎在《说文解字》中指出，美是一个会意字，从羊，从大。美的本义是指漂亮、好看，《诗经·邶风·静女》：“彤管有炜，说怿女美。”美也指美好的人和事，《诗经·唐风·葛生》：“予美亡此，谁与独处。”《论语·颜渊》：“君子成人之美，不成人之恶。”美还用来表示抽象意义，如形容一个人品德高尚称为有“美德”。美好的事物往往给人愉快的感觉，所以“美”也有令人满意的意思。美的内涵是指能引起人们美感的客观事物的一种共同的本质属性，但它本身是一种主观感受。爱美之心，人皆有之，人们欣赏、品味或领会事物及艺术品的美，叫作“审美”。美分为自然美、社会美和艺术美。艺术美包含优美、崇高、悲剧、喜剧等几个基本范畴。

现代符号学创始人索绪尔在《普通语言学教程》中提出符号是由“能指”和“所指”构成的。用以表示具体事物或抽象概念的语言符号称为能指，而把语言符号所表示的具体事物或抽象概念称为所指。能指是形式，所指是意义，符号是形式和意义的结合体。“美”这一语言符号是能指，它的所指就是美的各种意义内涵。

在大型文化综艺节目《经典咏流传》中，“美”是一个被不断提到的语言符号。2018 年第一季节目的宗旨就明确表述为“和诗以歌”，将古典诗词配以流行音乐，引领观众在歌声中重新感受诗词之美。2022 年第五季提出的是“大美中华”。从“诗词之美”到中华之“大美”，美是该节目自始至终强调的语言符号，其意义内涵到底是什么？诗词美在哪？什么样的美才是大美？下文我们就从不同维度、不同层面解读《经典咏流传》中“美”这一符号。

一、诗词之美

中国是历史悠久的文明古国，也是诗词的国度。古往今来，无数文人雅士将自己的心血凝成一篇篇至今传诵不衰的诗词经典，让一代代中华儿女沉醉其中，受到美的熏陶。

诗词之美，美不胜收。在诗词作品中，有忧国忧民的悲愤、金戈铁马的壮志、精忠报国的信念、戍守边塞的孤寂，也有寄情山水的洒脱、归隐田园的闲适、折柳相送的柔情、两地相思的缠绵……诗词之美，体现在语言之美、意境之美、哲思之美、自然之美、声音之美、音韵之美、章法之美……

诗词是中华文化熠熠生辉的瑰宝，诗词之美也是中华文化之美。不读诗词，不足以品文化精粹；不读诗词，无法感受到中华文化的灿烂辉煌；不读诗词，很难拥有文化自信。《经典咏流传》最引人注目的地方，就在于用“和诗以歌”的形式，追溯诗歌的起源，也让诗歌回归生活，为人们感受诗词之美提供了一个良好的契机。

“明日复明日，明日何其多。我生待明日，万事成蹉跎。世人若被明日累，

春去秋来老将至。朝看水东流，暮看日西坠。百年明日能几何？请君听我明日歌。”钱福的《明日歌》让我们感受到了哲思之美。

“云对雨，雪对风，晚照对晴空……三尺剑，六钧弓，岭北对江东。”车万育的《声律启蒙》，让我们感受到了中国语言独有的音韵之美。

“东临碣石，以观沧海。水何澹澹，山岛竦峙。树木丛生，百草丰茂。秋风萧瑟，洪波涌起。日月之行，若出其中；星汉灿烂，若出其里。幸甚至哉，歌以咏志。”曹操的《观沧海》让我们感受到了意境之美、雄浑豪迈之美。

从先秦、魏晋，到唐宋、明清，再到近现代的诗歌，《经典咏流传》每一季的每一期都为观众提供了 6 ～ 7 首诗词，五季共推送近 300 首诗词作品。诗词之美，期期可见可感，节目使观众能够了解中国文学经典，拓宽了观众的审美视野。以《经典咏流传》第五季第 11 期的节目为例，这一期节目包含了 9 首诗词，具体如表 9–1 所示。

表 9–1　《经典咏流传》第五季第 11 期诗词

经典曲目	经典传唱人	经典出处
《热爱生命》	萧敬腾	现代・汪国真《热爱生命》
《滇海曲》	杨丽萍	明・杨慎《滇海曲・其十》
《两个黄鹂》	安东尼亚诺小合唱团	唐・杜甫《绝句四首・其三》
《送友人入蜀》	李斯丹妮、丁真珍珠	唐・李白《送友人入蜀》
《桃花庵歌》	唐伯虎、裁缝铺乐团	明・唐寅《桃花庵歌》
《出塞》	乌兰图雅	清・纳兰性德《蝶恋花・出塞》
《生生不息》	萨顶顶	《黄帝内经・四气调神大论》
《大美中华》	张杰	唐・王维《山居秋暝》 唐・李白《子夜吴歌・秋歌》

二、音律之美

《经典咏流传》所蕴含的音律之美包含了诗歌的音韵之美和音乐旋律之美。“诗”与“歌”自古以来就有着密不可分的联系，诗词本就是用来唱的，诗、舞、乐是三位一体的。《尚书·尧典》中写到“诗言志，歌永言……击石拊石，百兽率舞”，西汉《礼记·乐记》也有“诗，言其志也；歌，咏其声也；舞，动其容也”的说法。从中国诗歌的历史来看，我国的第一部诗歌总集《诗经》，就是“和诗以歌”；西汉时期的汉乐府民歌，专门收集民间歌谣或者将文人的诗配以音乐，用于朝廷祭祀或宴会演奏。通过史书记载可了解到，古代的诗词常常通过“吟唱”的方式传播。诗歌艺术以文字为表现内容，以音乐作为承载文字的载体。[①] 中国古典诗词的语言凝练，讲究平仄、对仗与押韵，千百年来，诗人和学者在诗歌中积极构建和寻找音韵之美。《声律启蒙》中“云对雨，雪对风，晚照对晴空……三尺剑，六钧弓，岭北对江东”，把中国语言才有的音律之美展现得淋漓尽致，平仄、韵脚、对仗，语言本身就蕴含着歌一样的优美旋律。现当代的诗歌，很多也讲究押韵。例如：余光中的《乡愁四韵》就是押韵的、富有节奏感的。

给我一瓢长江水呀长江水
酒一样的长江水
醉酒的滋味是乡愁的滋味
给我一瓢长江水啊长江水

给我一掌海棠红呀海棠红
血一样的海棠红
沸血的烧痛是乡愁的烧痛
给我一掌海棠红呀海棠红

——乡愁四韵（节选）

音乐艺术最鲜明的特点就是其强烈的旋律感和节奏感。在唐宋人的眼里，诗歌的“音韵美”实际上来源于音乐的美，而汉字的四声平仄、语句的抑扬顿挫只是配合歌曲的旋律而已。

① 杨凯．经典与流行的碰撞：论《经典咏流传》节目的审美意蕴[J]. 声屏世界，2020（10）：30-31.

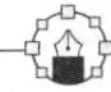

《经典咏流传》节目在经典诗文的呈现形式上，选择了“和诗以歌”的方式。所作歌曲不仅有诗歌的音韵之美，也有音乐本身的风格与旋律之美。五季节目累计创作了近300首诗词歌曲，这些歌曲的音乐风格和传唱人不尽相同，音乐风格是多样化的，有古典风格也有流行元素；配乐的乐器也各不相同，有古老的乐器也有现代钢琴。下面将具体阐述节目中的歌曲：

歌曲《明日歌》，王俊凯演唱的旋律简单轻快，朗朗上口。

歌曲《木兰诗》，尚雯婕本身浑厚独特又具有爆发力的音色，将木兰替父从军的壮志豪情淋漓尽致地展现出来。

歌曲《琵琶行》，经典传唱人任嘉伦在歌曲编排中加入了rap流行音乐元素。

歌曲《离骚》，舞台上出现了壮观的曾侯乙编钟仿版，原版是战国早期的文物，是世界上最大的乐器，用来表现宏大的场面，它的出现使得《离骚》的传唱具有了更加浓郁的文化特色。龚琳娜选择了中西结合的乐队编制，民族乐器以编钟为主，伴以中阮、笛子和笙，加上西洋乐器大号与圆号，伴奏配器既有浓厚的中华民族古典韵味，又具有强烈的现代色彩。

歌曲《送元二使安西》，曹轩宾在演唱时，身后伴奏的古琴出自南宋，这是中国传统乐器中最为传承有序的一种，既表达了一种离别的愁绪，也带来了一种穿越时空的声音。

歌曲《秋风词》，戴荃演唱中使用了古琴和筚篥。筚篥是古代管乐器之一，在民间音乐中多有使用。

《经典咏流传》中众多曲目的创作风格可以分为三类。

一是原诗谱曲类。主要是由专业曲作家为所选诗词作曲编曲，在忠于原诗词的基础之上，配以与诗意（词意）相契合的音乐进行演唱。例如《山居秋暝》《陋室铭》。用原诗谱曲的方式来改编古诗词应该是更为稳妥的选择。那些经典曾对观众产生过重要影响，在观众心里有重要位置，不改动原诗词，使其固有的语言、韵律、意境等都能原样保留，同时也符合观众的记忆，因而更适合通过咏唱而流传。

二是诗填新词类。这类曲目加入了较多的现代元素，使人们能够更好地理解古诗词的深远意义，也适当兼容了文化类综艺节目的观众感受，使意蕴丰富但表达较为隐晦的中国古典诗词能够更为明晰地为观众所接受。例如，节目开播的第一首歌曲《明日歌》。“诗填新词”作为对古典诗词的创新改写，既可作为诗歌意义解读方面的补充表达，更减轻了诗歌谱曲的难度。“诗填新词”中有一种较为特殊的改编法，那就是对原作进行重新筛选和组合，形成更易传唱的新歌词。这类曲目的代表作品有《在那东山顶上》《声律启蒙》等。

三是集义聚合类。《经典咏流传》之所以有着长久而广泛的吸引力，很重要的一点就是它的选曲、节目编排并不局限于对原作的音乐演唱，而是在尊重原作的基础上进行大力度的创新、改编、重组，甚至将不同的经典作品依据其内在意义的相似性、一致性进行巧妙组合，寻求在表面上看起来难以传达作品意蕴，而实际上却更能引人深思的表现方式，从而实现对经典作品意义的创造性揭示。例如王维的《画》。

画

远看山有色，近听水无声。
春去花还在，人来鸟不惊。

根据这首诗歌改编的《画・无声》，其表演上的独特性在于节目的表演内容与这原诗的内容没有直接关系，但传唱人的身份却与这首诗的意义相符合：由 14 个听障孩子组成的合唱团演唱，每个孩子只能发一个单音节的“啊”，却能体现出生命沉甸甸的分量。《画・无声》所表现的无声的精神力量给观众带来的强烈的情感震撼，是一种特殊的“此时无声胜有声”的艺术享受。这种艺术改编方式，在《经典咏流传》的舞台上并不多见，却给人留下了极其深刻的印象。

“和诗以歌”的方式使人们在诗词的音韵中，在音乐的旋律中，感受节目的音律之美。让古老的诗歌重新焕发活力，为新潮的音乐增添了深厚的历史文化底蕴。

三、意境之美

意境是指文艺作品中描绘的生活图景与所表现的思想情感融为一体而形成的艺术境界。特点是景中有情、情中有景、情景交融。中国诗词历来讲究意境之美，这种意境之美通常表现为借景抒情和虚实相生。诗词通过语言文字的形

式表现意境，需要读者咬文嚼字、细细品味，在脑海中构建图像，最终达到情景交融的效果。《经典咏流传》中的节目表演，作品的意境构建已经不局限于诗词文字的表现，而是同时在于歌曲的表现力和舞台场景的设计。因此，《经典咏流传》节目的意境之美体现在诗与歌营造的意境和舞台上多种传播媒介如VR、AR等新技术共同营造的意境。《经典咏流传》节目借助音乐和诗词共同作用，精准阐释诗词意境之美。例如，《登鹳雀楼》前句描写大气磅礴的景色，后句直抒进取的人生态度。呼麦、童声、四国经典乐器的配合，用最简洁优美的旋律，给诗词赋予了让人莫名泪流的力量；《定风波》选择了由人生阅历丰富的黄绮珊来演唱，“一蓑烟雨任平生”，她演绎的不仅是经典的诗词，更是自己的人生。

在《经典咏流传》的舞台上，安排了很多独具特色的意象，如苔花、墨梅、松柏等，都是表现精神和情志的意象；长江、黄河、月亮、桃花都变成了寄托相思的意象。特别像《天净沙·秋思》几乎全篇都用意象排列而成，通过这些意象能够塑造空间感和形象感。更重要的是通过意象，可以达到“诗言志”或“诗缘情”的艺术效果。从整个节目来看，舞台布景、演唱者、作品本身以及琵琶、古琴等乐器无一不是意象，正是这一个个意象的组合，才构成了《经典咏流传》的意境之美。

例如，在第二季第3期节目中，歌手萨顶顶将唐诗《春江花月夜》改编成歌曲演唱。《春江花月夜》结构严谨，字雕句琢，形式与内容完美结合。萨顶顶在演唱时，前几句的景物描写文字配上她空灵悠远的嗓音，迅速让人融入辽阔春江夜色之中，给人以飘飘欲仙之感。同时，舞台的背景只有一轮明月，歌手脚下踩着的是一片波光粼粼的春江，江水与月色动静结合，在静谧的环境中引发人生思考，营造出这一情景交融的意境之美。

例如：在第五季第1期节目中，78岁的内蒙古马头琴演奏家齐·宝力高和歌手郭采洁一起传唱经典、和诗以歌。他们传唱元代萨都剌的《上京即事五首·其三》，配以曲和词，演唱《家香》。歌词如下：

家香
春暖 青草 连蓝天
微风 轻轻荡

夕阳 霞光 落花间
羊群绕山岗
秋凉 碧草 落日圆
风起 雁南飞
秋水 湖畔 风吹衫
策马牧羊归
风吹过故乡 那片芦苇荡
牧归的人啊 身后是夕阳
喝一碗家香 牧歌久久回荡
母亲的毡房 花儿静静开放
风吹来故乡 泥土的芬芳
炊烟升起在 日落的方向
马头琴声响 心在回家路上

歌词里既有草原的辽阔壮美，也有温暖细腻的乡情、亲情。节目开始，郭采洁挽着齐·宝力高的手臂，向观众缓缓走来。郭采洁边走边朗诵着：

牛羊散漫落日下，
野草生香乳酪甜。
人生就像草原一样广袤，
无边无际，尽情驰骋。
岁月就像草原一样轮转，
荣枯更替，生生不息。

表演者是一老一少，一南一北，画面感十足，通过朗诵把观众带入草原的情境中。接着，齐·宝力高马头琴伴奏，具有独特风格的蒙古族音乐响起，歌手郭采洁的歌声平缓悠扬、如泣如诉，温婉而苍凉。舞台堆满草垛，在光影的配合下，霞光、落花、风沙细腻再现，草原的壮美辽阔与郭采洁吟唱相得益彰，人、景、情融为一体，美不胜收。

在第五季《经典咏流传·大美中华》中，特别重视舞台意境的营造，借助

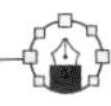

AR、全息影像等高科技，突破传统舞台的时空限制，围绕自然、画卷、古迹等展开大胆构想，在虚实结合中模糊舞台边界，观众得以通过视听体验走进诗词的意象、深入历史的肌理、纵览山河的辽阔。

四、精神之美

优秀的艺术作品对于人的精神具有鼓舞作用。经典诗词之所以成为经典，是因为诗词中穿越时空的“精神传承”，现代人依然可以通过文字感受诗词背后的“精神力量”。《经典咏流传》节目的精神之美体现在诗词的精神传承、传唱人对艺术不懈追求的精神、普通人的默默奉献精神等。

《经典咏流传》节目牢牢把握时代的脉搏，在经典传唱中回望贯通古今的历史底蕴与人文精神。在诗词里，有忧国忧民精神、爱国主义精神、英雄主义精神、默默奉献精神、顽强不屈精神等各种人文精神。

“先天下之忧而忧，后天下之乐而乐”，一千多年前，范仲淹笔下忧国忧民的初心，被康辉、撒贝宁、朱广权、尼格买提四人用歌声再次唤醒。一首《岳阳楼记》不仅使听者的内心激荡起涟漪，也鼓舞着众多逆行者披荆斩棘，迎难而上。

面对挑战坚强不屈的精神，一直流淌在中国人的血液里。在艰苦卓绝的战“疫”里无私奉献的平凡勇士们，也通过诗词传唱让人感受到那颗保家卫国的滚烫的赤诚之心。来自武汉协和医院的医护人员们豪迈高歌《秦风·无衣》“岂曰无衣？与子同袍”，向并肩而行的战友表示感谢；北京协和医院国家援鄂抗疫医疗队与他们的同事们，将文天祥的《彭通伯卫和堂》融入原创歌曲《守护》之中，字字句句都饱含“医者仁心”。

两千多年前，屈原写下《九歌·国殇》，追悼英勇牺牲的楚国将士。第四季中，黄龄唱响这首经典名作，以一曲荡气回肠的《楚魂》，展现楚国将士为国捐躯的浓烈的爱国情怀。

在中国共产党成立100周年之际，阿朵为经典老歌《洪湖水浪打浪》注入民族音乐元素，向英勇牺牲在洪湖这片热土上的革命先烈致以崇高的敬意。

古人一直对浩渺的太空极尽想象之力，唐代诗人李贺的《梦天》表达了他对“天宫”的神往。节目中，在太空“出差”的航天员王亚平在中国空间站内弹奏迷你古筝，以“天地合作”的方式共同演绎诗人李贺的浪漫诗篇《梦天》，表达了中国人勇于追梦的精神。

郁可唯演唱的北宋学者周敦颐的《爱莲说》，“予独爱莲之出淤泥而不染，濯清涟而不妖”，传递了清廉、高洁的精神追求。

《经典咏流传》的精神之美还体现在传唱人对艺术的不懈追求精神、普通人的默默奉献精神上。参与到《经典咏流传》节目中来的嘉宾有杨洪基、李谷一等老一辈艺术家，有实力唱将如尚雯婕、谭维维等，也有新生代偶像歌手如王俊凯、汪苏泷等，还有一些奋战在各行各业中的默默奉献的“小人物”，用诗词讲述他们的故事，在属于他们的故事里展现感人的精神风貌。

节目鉴赏团成员康震，是北京师范大学文学院教授、博士生导师，他博学多才、出口成章，鉴定团王黎光、廖昌永都在音乐方面有极大成就，他们显示了榜样的力量。歌手尚雯婕创作和演绎的《木兰诗》，受到观众的高度赞美，观众认为其达到了视觉化、艺术化、立体化的完美合一。谭维维创作和演绎的《墨梅》，整体编曲以弦乐为主要载体，充分体现出歌词的广袤大气，歌曲中还融入了琵琶和古筝，第一段带有明显的戏曲唱腔，既拓展了表达空间，旋律也更亲近人，得到观众高度认可。一个个经典传唱人对歌曲的倾情演绎，无不体现出他们的敬业精神和对歌唱事业的不懈追求。

节目中无名的普通者也展现了可敬的精神之美。贵州省威宁县石门乡新中小学支教教师梁俊，将清代袁枚的《苔》进行音乐加工后演唱，不仅让观众记住了这首小诗，也让观众看到他默默奉献自己的可贵品质。《苔》是写给每一位普通人的励志经典，“苔花如米小，也学牡丹开”正是对每个人生命价值的写照，平凡的生命也能够极致地绽放。

患有 SMA（脊髓性肌萎缩症）的 9 岁男孩陈果毅唱响由另外一名 SMA 患者包珍妮重新创作的《草》，“离离原上草，一岁一枯荣。野火烧不尽，春风吹又生”，展现出的顽强生命力让所有人都为之动容。除此之外，还有抗癌民警夏鸿鹏，由聋哑少年组成的无声合唱团，第一个双腿残疾靠假肢登顶珠峰的中国人夏伯渝，他们也登上了舞台，为观众讲述自己的人生故事和对诗词的理解与热爱。故事体现的身残志坚、奋斗不息的精神令人敬佩，这就是精神之美。

综上所述，《经典咏流传》中语言符号“美”的意义是多重的，是丰富的。诗，是辗转千年的句句柔情；歌，是环绕华夏的声声心动。节目在“和诗以歌”中让诗词之美和音乐之美交融。节目通过先进技术，打造音舞诗画相结合的绝

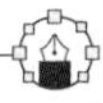

美舞台空间，打造“沉浸式东方美学”，呈现了情景交融的意境之美，诗词作者在作品中展示的情怀、追求、气质、风格，经典传唱人对音乐的热爱和不懈追求，普通人的默默奉献，这些都展示了精神之美，让我们在锦绣山河与人间烟火中传唱经典，展现美丽中华历史之美、山河之美、文化之美，讲述“大美中华”的文化自信。

第二节 《经典咏流传》中的融媒体虚拟符号解读——以第五季节目为例

计算机和通信技术的进步，推动了媒体的融合。融媒体成为大众传播信息的途径和方式。作为信息外在形式或物质载体的符号也产生了相应的变化，呈现出融媒体时代的特征，即符号的多元性、立体性、互动性、虚拟性和数据化。其中虚拟性符号是通过 VR 技术、大数据技术、全息一箱技术等创造的。虚拟符号是融媒体时代特有的传播符号，虚拟符号首先是视觉符号，其次是感知觉符号。

一、融媒体虚拟视觉符号

《经典咏流传》作为一档在融媒体时代取得很好传播效果的大众传播节目，从一开始就重视媒体的融合，节目的播出融合了多个媒体平台。节目的播出频道是中央电视台综合频道，在线播放的网络平台是央视网、腾讯视频、爱奇艺、优酷视频等，在线播放的音乐平台是 QQ 音乐、酷狗音乐、酷我音乐。节目的传播融合了传统媒体平台和新媒体网络平台、音乐平台，体现了融媒体时代大众传播的特点。同时，节目的制作重视对融媒体技术的应用，在前四季的节目中，每一季都能看到融媒体技术应用的亮点。例如，2018 年第一季，王珮瑜演绎《但愿人长久》，配合虚拟技术伴舞；2019 年第二季，引入歌声合成、语音识别等技术的“读诗成曲”；2020 年第三季，主要是技术载体发生了变化，“云上音享会”直播、“竖屏看经典”专属直拍；2021 年第四季，新技术浸享诗词，节目中利用了环绕立体声、裸眼 3D 的舞台等。

《经典咏流传》在节目中应用融媒体技术，使传播符号可视化，取得了形象、逼真、增强互动的传播效果。例如，2019 年第二季，引入歌声合成、语音识别等前沿 AI 技术的互动玩法，升级打造了“读诗成曲”这一全新概念和融媒体互动手段。有了这个人工智能技术，观众也能用自己的声音，唱出谭维维“谭式”唱法的《墨梅》《山高路远》，演绎张靓颖《春夜喜雨》的好雨知时节，为保证经典传承的准确性，“读诗成曲”还设有“语音判断”环节，让大众在享受文化、科技、娱乐三者交融的乐趣时，学习并传承正确的经典文化。

2022 年，《经典咏流传》第五季开启，这一季的节目主题是“大美中华”，用诗词展现中华的历史之美、山河之美、文化之美。在融媒体技术上，采用了 AR、裸眼 3D 、XR 等先进技术，大量采用了虚拟符号，将虚拟场景与现实舞台巧妙结合，打造出如临其境的穿越空间场景，给视觉带来很大的冲击力。《经典咏流传》节目中的传播符号本身十分丰富，融合了诗词、名画、声乐、美术、舞蹈、色彩等，但虚拟视觉符号是十分震撼、令人惊艳的，它营造出了一个个十分逼真又美轮美奂的虚拟空间。第五季共播出 11 期节目，除了鉴赏人康震在舞台特定区域结合 AR 技术解读诗词背景外，每期的内容中都有虚拟视觉符号的呈现。第五季节目的融媒体虚拟视觉传播符号概括如表 9–2 所示。

表 9–2 《经典咏流传》第五季虚拟视觉传播符号

期次	虚拟场景	虚拟场景风格	演唱歌曲
1	3D《富春山居图》	超逸、淡远	《忆江南》
2	落日下的蒙古草原 AR 舞台	辽阔、广袤	《家香》
3	《春夜洛城闻笛》AR 舞台	春色盎然	《春夜洛城闻笛》
4	《逍遥游》AR 舞台	梦幻、浪漫、稚气	《逍遥游》
5	帆船 AR 舞台	阔气、澎湃	《凌霄万里》
6	《秋词》AR 舞台	开阔、高远、力量感	《秋词》
7	《舟夜书所见》AR 舞台	孤寂、清新、温暖	《舟夜书所见》
8	《黄鹤楼》AR 舞台	宏大、温暖	《黄鹤楼》
9	《风》AR 舞台	动态、治愈	《风》

续 表

期次	虚拟场景	虚拟场景风格	演唱歌曲
10	《上阳台帖》XR 舞台	飘逸、浪漫、侠气	《上阳台帖》
11	《忆黄山》XR 舞台	奇幻、神话、开阔	《忆黄山》
12	《生生不息》AR 舞台	充满生命力	《生生不息》

从表 9–2 可见，在第五季的节目中，大量运用了虚拟视觉符号。《经典咏流传》第五季节目从 2022 年 4 月 3 日开播，到 2022 年 7 月 9 日收官，总共 11 期，每一期节目中都用到了虚拟视觉符号。下面选取每一期节目中的部分内容，阐述节目应用虚拟视觉符号的具体情况。

在第五季第 1 期节目中，阿云嘎、杨宗纬、郑棋元、蔡程昱四位经典传唱人，带领观众走进富春江的春天。舞台打造了 3D《富春山居图》，当《富春山居图》的卷轴打开，二维的水墨画变成三维的空间，四位经典传唱人扮成“渔父”，戴上斗笠坐在舟中，舟与人成为整个景致的一部分。他们唱起陆游的《鹊桥仙》和苏轼的《行香子·过七里濑》，“一竿风月，一蓑烟雨，家在钓台西住”，听“渔父”吟唱，观山水绵长，与天地相伴，与美好相逢。“重重似画，曲曲如屏。但远山长，云山乱，晓山青。”宋词、名画、美声，跨越时空，跨界融合，令人印象深刻。

在第五季第 2 期节目中，经典传唱人邓小岚、马兰花儿童声合唱团演唱经典《春夜洛城闻笛》，歌词内容比较简单：“谁家玉笛暗飞声，散入春风满洛城，春染新绿万物生，婵娟与共天下同。临别依依道珍重 暖你山海又一重。”只有 6 句反复吟唱。节目打造了一个 AR 舞台：春色盎然，杨柳依依，柳枝随风摆动。配合着童声合唱的歌声，空中飘满音符。有了 AR 虚拟符号的助力，舞台呈现效果很好。

在第五季第3期节目中，由王恒屹和周昭妍两个7岁孩子以及一群小小“演奏家”一起传唱经典《逍遥游》。在王恒屹看来，鲲是彩虹色的，鹏也是彩色的，但是翅膀是金色的；在周昭妍眼里鲲是七彩的，身上布满珍珠，鹏有着粉色的身体和白色的翅膀……AR 舞台呈现的是“七彩鲲鹏”“云海”“鲲鹏环绕”，和儿童传唱人对《逍遥游》的理解和谐统一，也营造出了梦幻、浪漫、稚气的氛围。

在第五季第 4 期节目中，由蔡程昱演唱经典《凌霄万里》，《凌霄万里》的歌词是周总理 19 岁时写的诗，“大江歌罢掉头东，邃密群科济世穷，面壁十年图破壁，难酬蹈海亦英雄”，充满青春壮志。节目用 AR 打造了一艘行驶在海洋中的帆船，作为舞台的主视觉符号，红色调的帆，帆是一种意象，它代表了周总理当时东渡日本去求学，想用新知识改变国家落后面貌的决心，帆永远引领着年轻人一直前进，披荆斩棘，乘风破浪。AR 打造的虚拟符号结合歌者男高音激情澎湃的演唱，让人热血沸腾。

在第五季第 5 期节目中，经典传唱人吴碧霞演唱唐代诗人刘禹锡的《秋词》。《秋词》AR 舞台展现的是天高气爽的秋日风景画面，群峰险峻壁立、青松苍劲挺拔、白鹤直冲云霄，雄伟壮观，充满力量，呈现了“秋日胜春朝”的高远意境。

在第五季第 6 期节目中，经典传唱人苏运莹演唱清代查慎行《舟夜书所见》。节目打造的 AR 舞台中，观众看到的是 AR 把海上渔火的场景再现，有辽阔的大海、远山、星光，色彩上用深邃的蓝色，这是大海的颜色，同时加入了粒子特效去模拟极光的效果，去表达那种“转瞬即逝”的美，把抽象的美表现具体可感。

在第五季第 7 期节目中，由两个女生组合“房东的猫”演唱唐代诗人崔颢的经典作品《黄鹤楼》:“昔人已乘黄鹤去，此地空余黄鹤楼。黄鹤一去不复返，白云千载空悠悠。晴川历历汉阳树，芳草萋萋鹦鹉洲。日暮乡关何处是？烟波江上使人愁。”节目用 AR 打造了一个独特的舞台环境，远景或是巍峨矗立的黄鹤楼全貌，或是群山环绕、东流而去的长江，空中飘满孔明灯；近景是黄鹤楼的楼顶。演出者就坐在楼顶上低吟浅唱，她们以民谣的方式，温柔的歌声唱出心目中的黄鹤楼，让观者有意外的惊喜。

在第五季第 8 期节目中，冯家妹、陈果毅唱唐代诗人李峤的经典诗歌《风》。节目 AR 舞台，通过视觉设计，在 AR 舞台上展现“风”的不同状态，如拂过水面疾驰的风，吹过小草微微的风，吹起蒲公英柔和的风等，让观众在具体的景象中感受风的舞动，形象地表现了“风”，动感十足，色彩绚丽。

在第五季第 9 期节目中，阿云嘎传唱李白的经典作品《上阳台帖》。节目用 XR（扩展现实）技术打造了一个立体丰富的虚拟空间，观众看到的空间里有：环绕的群山、灵动的毛笔、书法作品、飞瀑、亭台楼阁、徐徐展开的卷

轴、月亮，等等，给人沉浸式的体验感，把歌者和观众带入诗意和诗词的海洋中，更好地感受诗人李白的自由、洒脱、浪漫、侠气，取得很好的传播效果。

在第五季第 10 期节目中，许嵩传唱宋代词人汪莘的经典作品《沁园春·忆黄山》。《忆黄山》XR 舞台呈现的是航拍视角下，黄山的巍峨高耸、飞瀑流泉、青松挺拔、小鹿奔腾、白鹤飞舞的画面。歌者在自然的怀抱中吟唱诗词歌曲，身着唐装的青春妙曼的女子古筝伴奏，画面美如一幅画。

在第五季第 11 期节目中，萨顶顶演唱创作灵感源于《黄帝内经》的歌曲《生生不息》。节目 AR 舞台呈现的是一棵树的四季变化，树从小树慢慢成长为一棵枝干遒劲的参天大树，画面色彩也随着春夏秋冬季节的不同而变化，树上、树周围的花鸟虫草栩栩如生，形象地表现“养生之道，四气调神”抽象的道理。

二、融媒体虚拟感知觉符号

加拿大传播学者麦克卢汉认为“媒介是人体的延伸”，如印刷品是眼睛的延伸，电视机是眼睛耳朵的延伸，计算机是中枢神经系统的延伸。电视是触觉的延伸，触觉不局限于皮肤接触，而是人类所有感觉的总和。总之，他认为作为媒介的一切技术都是肉体和神经系统增加力量和速度的延伸。[①] 麦克卢汉在对媒介的分类上还提出了两个著名的概念——“热媒介”和“冷媒介”。其中，“冷媒介”“低清晰度地”延伸人的感官，它们提供的信息清晰度低，且明确给出的信息量小，受众在信息接收过程中需要大力发挥想象力填补其空白；“热媒介”“高清晰度地”延伸人的感官，它们提供的信息清晰度高，且明确给出的信息量大，受众在信息接收过程中可以用单一感官承担起接收信息刺激的任务。因此，我们可以说人的感知觉是一种符号，因为感知觉可以影响人对信息的解码和接收，同时感知觉可以带来沉浸感，进而帮助人们设身处地地理解信息、解码信息。

虚拟性符号已经超越了自然的时空限度，更多涉及人的感知觉。营造的是虚拟的仿真时空，但却给人更加真实的感觉。《经典咏流传》中的融媒体虚拟感知觉符号，其实是由虚拟视觉符号引发的。VR、AR、XR 等技术打造出的

① 麦克卢汉．理解媒介：论人的延伸[M]．何道宽，译．北京：商务印书馆，2000：100.

虚拟视觉符号，虽然是虚拟的，但都是可视化的，电视舞台上看到的景象栩栩如生、惟妙惟肖、色彩斑斓、动感十足，是视觉的盛宴，在给视觉带来强大冲击力的同时也影响了人的感知觉。虚拟感知觉符号是看不见的，它存在于观众的感知觉里，无影无形，却那么真实、可感、可信，并且极大地影响着传播效果。在《经典咏流传》中，虚拟感知觉符号体现为虚拟视觉符号营造出来的意境和观众的感受。

例如，第 1 期由经典传唱人阿云嘎、杨宗纬、郑棋元、蔡程昱扮演“渔父”，行走在 3D 山水名画《富春山居图》里，合唱节目《忆江南》，带领观众“人在画中游”，配上音乐《春江花月夜》，同时卷轴也开启新时代的美丽富春山图景。当他们唱起陆游和苏轼的词，一竿风月、一蓑烟雨的意境愈发真实。观众也跟随他们一同置身于“重重似画，曲曲如屏”的美景中，在古今对话的时光旅行中流连忘返。诗美、画美、音乐美、舞蹈美、制作美，精美绝伦，观赏这种节目就是一种美的享受，因此观众特别喜欢这个节目。

第 9 期由阿云嘎演唱《上阳台帖》，通过 XR 技术，将舞台打造成仙境般的诗词海洋，更强调沉浸感。通过视觉设计将李白《上阳台帖》中表达的苍茫大气、人物两忘的意境表达出来。整体调性追求李白式的气势飘逸，所以色彩和元素都尽量打造出自由并且含有一丝侠气，让观众沉浸在这份自然放达之中，带来视觉和心灵的享受。

第 10 期，许嵩在演绎《忆黄山》时，舞台呈现出云海、瀑布、潺潺流水，古筝为歌声伴奏，加上传承者深情的演唱，让观众沉浸在黄山雄伟壮丽的美景中，感受诗词的意境美，达到了很好的传播效果。

第 11 期，萨顶顶传唱的《生生不息》，讲述的是四季更迭，人与自然的相处之道。整首作品呈现的是人与自然和谐共处的意境，仿佛是以生命的灵动感叠化出的“四季自然画卷”。

中国的诗词历来讲究意境之美，通过“寄情于景”“借景抒情”达到情景交融的意境，通过“诗中有画，画中有诗”营造意境。意境对审美活动有特殊的意义，它可以打破特定时空中客观物象的局限,给欣赏者提供广阔的艺术想象天地。意境带来沉浸感，让读者沉浸其中，感受诗词之美。

从整体上看，《经典咏流传》第五季节目不惜花费重金，致力于营造虚拟场景以及场景带来的沉浸感。每一期节目，演唱前，传唱人在水幕包裹中走进

“经典画卷”，鉴赏人康震在舞台特定区域结合 AR 解读诗词背景；表演中，在裸眼 3D、VR、特效等技术加持下，歌声环绕着动态的山川流水、四时之景而响。在虚拟视觉符号和感知觉的共同作用下，取得良好的传播效果自然是水到渠成。

综上所述，融媒体虚拟符号不但是虚拟视觉符号，也是虚拟感知觉符号。它为大型综艺文化类节目《经典咏流传》创造了一个多维的身临其境的可视化虚拟空间，同时也带给观众沉浸感，让观众进入一个充满无限想象空间的诗词幻想世界，从而感受中华诗词之美、文化之美、历史之美。

第三节　《经典咏流传》中的语言符号解析——以第五季第二期节目为例

语言是人类重要的交际工具，也是人类创造的一种较为完善的符号体系。

语言是用一定的声音和文字形式去标记事物和思想，从而获得意义的高级的复杂符号系统。索绪尔认为：“语言符号不仅把事物与名称结合起来，而且把概念和音响形象也结合起来了。”[①] 他认为，在语言出现之前，一切都是模糊不清的，思想只是一团没有定形的、模糊不清的浑然之物。完整成熟的语言符号应该是音、形、义的有机结合。其中语音形式是听觉的物质化表现，文字形式是视觉的特质化表现，语义内容则是符号的信息化表现。

语言符号不同于其他的符号，语言符号是声音和意义的结合体，语言符号的音义结合具有任意性，即语言的声音形式和意义内容之间的联系是任意的，由社会约定俗成，没有必然的、本质的联系。因此，语言符号可分为口头语言符号和书面语言符号。口头语言符号是声音符号，靠人体的发声功能传递信息，声音的大小、高低、强弱、快慢、节奏等都影响信息的传递效果。口语信息的保存和积累只能依赖于人脑的记忆力，口语传播受到空间和时间的巨大限制。书面语言符号主要以文字的形式存在，文字能够把信息长久地保存下来，

① 索绪尔．普通语言学教程 [M]．裴文，译．南京：江苏教育出版社，2002：75.

使信息在空间和时间上传得更久远，人类的历史、文化自从有了文字就得以保留和传承。一般来说，口头语言比较通俗易懂、简短，书面语言则比较正式、严谨。

《经典咏流传》节目中的语言符号也分为口语符号和书面语符号。口语符号主要是主持人、经典鉴赏嘉宾、经典传唱人在节目中所说的话。书面语符号主要是节目的字幕、诗词内容、舞台场景中出现的文字。节目语言符号的意义因传播主体的不同而呈现出不同的风格和意义。

《经典咏流传》是一档大型文艺文化电视节目，电视作为电子媒介，实现了视听兼备地传递信息，声音和图像是其主要的信息传播媒介。因此，《经典咏流传》中的很多书面语言符号转化为口语符号，但又具有书面符号正式的特点，形成了节目语言符号的独特风格。节目中，无论是主持人、经典鉴赏嘉宾、还是经典传唱人，一开口就是诗词或是使用诗一般的语言，具有诗词节目独有的特点。节目中语言符号的应用、口语和书面语的渗透、语言范式符号的运用、语言体现的新闻特征、文化意义都别具一格。下文就以 2022 年 4 月 16 日播出的《经典咏流传》第五季第 2 期的节目为例，来解析该节目中的语言符号。

一、语言：节目最重要的传播符号

“和诗以歌”是《经典咏流传》节目独创性的表现形式，将诗与乐结合，让古老的诗歌重新焕发活力，为新潮的音乐增添了深厚的历史文化底蕴，而音乐符号无疑是节目中较为突出的。节目用融媒体技术打造了虚拟化舞台空间，无疑是令人惊艳的。节目运用的传播符号丰富多样，语言文字、音乐、色彩、图片、视频、舞蹈以及虚拟化符号，在这些视觉或听觉、动态或静态的符号中，古老的语言符号依然是最重要的传播符号之一。

第五季第 2 期节目舞台上的参与者包括主持人撒贝宁，鉴赏嘉宾康震、廖昌永，经典传唱人杨千嬅、邓小岚、马兰花儿童声合唱团成员、刘迦、郁可唯、胡夏、苏见信。传唱的诗词有六首：《大林寺桃花》《春夜洛城闻笛》《凤凰游》《爱莲说》《苏幕遮 · 怀旧》《赤壁赋》。节目中的语言符号可以用层次图来呈现，如图 9–1 所示。

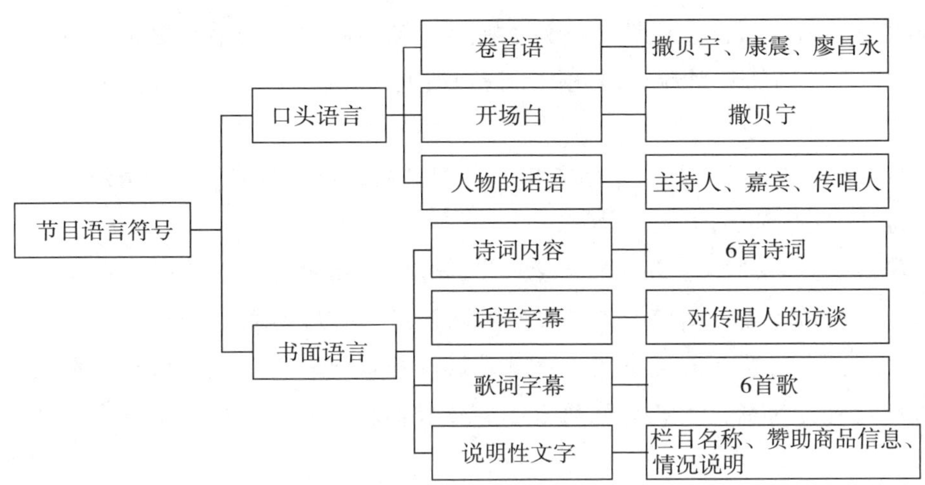

图 9-1　《经典咏流传》第五季第 2 期语言符号图

上图书面语言中的“情况说明”是无声的字幕。在本期节目中有如下两段说明，这是一种致敬和缅怀。类似这样的提示并不是每期都有。

邓小岚在马兰村义务支教十八年，用音乐为孩子们打开一番新天地。2022 年 3 月 22 日，邓小岚老师永远地离开了我们，让我们在歌声中感受她给孩子们留下的爱与希望。

4 月 8 日，党中央、国务院决定追授邓小岚同志北京冬奥会、冬残奥会突出贡献个人奖。

经过统计，节目中经典传唱人访谈环节，每一位传唱者出现的字幕在 1 600 字到 2 000 字之间，六位传唱者出现的字幕约 1 万字；屏幕上用金黄色静态字体呈现诗歌内容，六首诗词内容共 1 046 字；6 首歌词的字幕 1 424 字。可见，语言符号从始至终贯穿节目，是节目分量很重的传播符号之一。

二、口语与书面语的融合呈现诗词节目的特征

口头语言比较通俗、易懂、简短，句子不整齐；书面语言则比较正式、严谨、整齐、典雅。《经典咏流传》节目中的口头语言和书面语言互相渗透，口头表达出来的语句往往含着大量诗句，显得整齐、典雅。这种交互恰恰体现了

诗词节目独有的特征。说诗、吟诗、唱诗，诗歌早已渗透节目之中，成了节目的“灵魂”。例如节目卷首语就用了诗一般的语言。

撒贝宁：“山高水长，物象万千。非有老笔，清壮何穷”，诗词经典，为我们构筑了一个永恒的大美中华。

廖昌永：我们“登高壮观天地间”，遍览自然之美，也感受“云间烟火是人家”的生活之美，更领悟“万里写入胸怀间”的历史文化之美。

康震：我们歌颂大美中华，也就是在壮美山河、美好生活当中，把我们自己与时代紧密相融，成就更好的自己。让我们在对大美中华的追寻中，汲取走向未来的力量。

本期节目主持人撒贝宁的开场白：

美是一场不期而遇的梦，“明月松间照，清泉石上流”；
美是一曲乘风而来的歌，“白雪却嫌春色晚，故穿庭树作飞花”；
美是一种明丽风致的洒脱，“一带江山如画，风物向秋潇洒”；
美是一声从心底流淌出来的深深的赞叹，“掬水月在手，弄花香满衣”；
美是对世界的深情向往，“山随平野尽，江入大荒流”；
美是对生命的无尽探索，“我欲穿花寻路，直入白云深处，浩气展虹霓”。

以上这段开场白就是诗一般的语言，运用了比喻、排比、引用的修辞手法。

节目经典传唱人的语言也常常既通俗易懂又典雅有内涵。例如本期节目中，杨千嬅演唱《大林寺桃花》前说：

“人间四月芳菲尽，山寺桃花始盛开”，春光总会与你不期而遇，照亮整个世界。“长恨春归无觅处，不知转入此中来”，这是我们的约定，春光不老，我们不散。

郁可唯在演唱《爱莲说》前说：

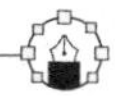

“出淤泥而不染，濯清涟而不妖”。虽然生活平凡，但心中依然坚守着一份高尚，这是人生柔软而坚强的力量。

节目中经典鉴赏嘉宾康震老师对诗词的点评同样体现了口头语言和书面语言的融合。张弛有度、饱含深情的点评是他个人的独特风格，却又因其满腹经纶而显得典雅、意蕴深长。例如本期节目中他点评《爱莲说》时说的一段话就是口头语言和书面语言的交融。具体内容如下：

现在很多人对周敦颐这个名字多少有点陌生，周敦颐品德高尚，志趣高洁，他为官清正，善断疑案，而且每到一地便兴教办学，讲授学问，他主张做人应该以诚为本，敬德修业。在周敦颐的眼里，菊花是孤傲清高的隐士，牡丹是富贵妖媚的俗人，只有“莲花出淤泥而不染，濯清涟而不妖”，身处污浊俗世却洁身自好，以挺拔秀丽、可敬而不可辱的高洁风范引领众人，是去恶向善的高尚君子。周敦颐晚年辞官，居庐山莲花峰下，他特意将母亲的坟茔从镇江迁来住处，并以家乡湖南濂溪水的名字，为他住所前的溪水取名“濂溪”，后世也因此称他为“濂溪先生”。一个忠孝勤政的好官，一个理学宗派的鼻祖，一篇一百一十九字的《爱莲说》，这就是濂溪先生。

三、用范式语言架构节目符号文本

符号文本是文化上有意义的符号组合。任何符号文本必有两个展开向度，即组合关系和聚合关系，这就是符号学上所说的双轴关系，任何符号表意活动，必然在这个双轴关系中展开。聚合关系决定了文本组合是如何组成的，电影镜头的挑选与组接、舞台场面的调度与连接、故事的起承转合，凡是符号表意，绝无可能没有这个双轴关系。

在《经典咏流传》中，我们可以看到，节目用规范统一的句子串起了节目的流程。

在传唱人出场环节，主持人说：“接下来让我们有请第一位经典传唱人。”“掌声有请经典传唱人。”“让我们掌声有请下一位经典传唱人。”

开始演唱前，传唱人说：“我是经典传唱人 ×××，我把 ×××（歌曲名）

唱给你听。”

演唱结束时。主持人说：“谢谢经典传唱人 ××× 给我们带来的这首经典传唱作品。”“接下来请为经典传唱人 ××× 开启分享通道。”

歌手演唱完毕后陈述：“我是经典传唱人 ×××，如果你喜欢这首 ×××（歌曲名），请和我一起点亮传世经典，唱响大美中华。”

节目就是通过以上规范统一的句子去串联起节目的各个环节。每一位经典传唱者构成一个独立完整的流程环节，环节循环进行。第 2 期节目共六位经典传唱人，他们就是按照这样的环节共同参与，完成节目。这些范式句子就是传播信息时的文本符号。

四、节目访谈语言体现新闻语言的易读性和精准性

语言是人与人、人与世界沟通的桥梁，语言的魅力、语言的艺术、语言的力量、语言的重要性都在电视访谈性节目中体现得淋漓尽致。

美国传播学者弗雷奇在《易读性著作的艺术》一书中提出传播语言的易读性。他认为，传播内容若能容易被人理解，重要的是两个维度：降低语言上的难度，以及提高内容中的“人情味”。根据他的研究，句子越短，易读性分数越高，越容易阅读。传播者在传播过程中需要确保传播效果，确保传播的信息容易为接受者理解。尤其是大众传媒要将信息传播给尽可能多的受众，就必须使编码尽可能明白易懂，让人能轻松快捷地译码。传播学中的“易读性”原意是指新闻报道、文学作品等文字作品易于阅读的程度。在本期节目中，针对六位经典传唱人安排了六场访谈，主持人、嘉宾和传唱人共同参加访谈。其中主持人撒贝宁的采访语言体现了语言符号的易读性。

例如，主持人撒贝宁采访经典传唱人邓小岚老师和马兰花儿童声合唱团的孩子们时的对话：

撒贝宁：冬奥会的开幕式时，您是在什么地方看着孩子们的演出？

邓小岚：开幕式时我在观众席上，特别高兴，我们的孩子们唱得多好听，就心里这样感觉。

撒贝宁（对着男孩）：你是今天所有的男生的代表，是吧？给大家介绍一下你们俩。

男孩：我叫陈昱龙。

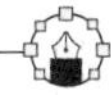

撒贝宁：今年多大了？

男孩：十一岁。

女孩：我叫席庆茹，今年十一岁，上四年级。

撒贝宁：参加北京冬奥会的开幕式、闭幕式，当时听到这个消息什么心情？

男孩：特别激动。

撒贝宁：果然这是见过大场面的孩子。

撒贝宁（面向邓小岚）：当时接到这个任务的时候，这个压力还是挺大的吧？

邓小岚：主要就是时间短，因为这歌本身还是比较长的，而且它又比较复杂，但是我也是相信我们孩子能完成，因为以往教他们唱歌你就会感觉到小孩子的记忆力特别强。

撒贝宁：任何挑战对他们来讲，也许只要他们愿意，投入他们的内心去学习，真的是无限的潜能。

撒贝宁：这首诗是什么意思，你们知道吗？

男孩：就是李白在洛阳城，就是晚上休息的时候听见有人吹笛子，声音传遍整个洛阳城。

撒贝宁：第三句的时候，这个折柳是什么含义？

男孩：就是你如果有一个好朋友，他转学了，就离开你了，你就特别想他，就折一个柳枝送给他，柳的谐音是留。

女孩：请你留下（的意思）。

撒贝宁：孩子们解释得非常清楚。

这段访谈中，主持人的问话通俗、易懂、简洁。即便涉及“折柳相送”这个有文化内涵意义的问题，也问得简单明白，让孩子们有话可答。撒贝宁的新闻采访语言富有人情味，接地气，是具有亲和力的，是具有代入感和信任感的。这在本期节目中与其他几位经典传唱人的访谈中也得到很好的体现。在节目中，主持人和嘉宾的语言表达准确、规范、可理解，能够与采访对象交流、互动。通过提问开始话题，以一种自然亲切的姿态开始访谈，让传唱嘉宾轻松自然地跟随采访思路，表达自己，让观众了解他们真实的人生故事和对诗词的感受。

访谈语言的精准性体现在主持人能够自如把握访谈的节奏与进展。主持人需要根据节目的风格和要求规范自身语言创作与表达，这要求主持人在节目当中表达的话语文本必须符合节目要求，尽可能详尽、细致地表达内容，同时也要能够给予准确的回馈及凝练总结产生情真意切的情感共鸣。节目中撒贝宁凭借自身过硬的业务素养，能在恰当的时机自然转移话题，最后提炼升华，紧扣这一季的主题“大美中华”。

访谈语言的准确性也体现在嘉宾对信息的精彩点评与文化引导上。节目中，廖昌永老师对音乐和演唱作出点评，康震老师则从诗词文本内涵上作点评，他们的点评都十分精彩，并且紧扣“大美中华”的主题。例如：杨千嬅演唱完歌曲后，廖昌永点评道：“我觉得还是蛮受感动的，因为音乐，它其实有疗愈作用，治愈你自己也能治愈别人，她的声音里边，能够听到她的故事，对生活的感悟，对美的这种感悟，有特别神奇的这样一种力量，我特别喜欢。”

撒贝宁点评道：“所以我在想为什么很多人喜欢这首诗，很多人都叹春天过去得太快了，春天转眼就消失了，其实没有，这些美始终都在你身边，如果你对美的感受，始终逗留在那儿的话，你就拥有了一座永远不会消失的大林寺。所以也让我们共同在不断地对美的追求和发掘中去感悟人生更多的能量和意义。”

五、节目语言符号凸显文化意义

《经典咏流传》节目不是单纯为了学诗、读诗和听音乐，该节目是响应中国共产党第十九次全国代表大会报告中“推动中华优秀传统文化创造性转化、创新性发展”的号召，用“和诗以歌”的形式将传统诗词经典与现代流行元素相融合，在注重节目时代化表达的同时，深度挖掘诗词背后的内涵，讲述文化知识、阐释人文价值、解读思想观念，为现代文明追本溯源，树立文化自信。以诗为媒，以歌为媒，让中华文化的风骨与魂魄融进亿万中国人的心中。

节目设置的诗词鉴赏环节，对诗词经典的意义阐释和对文化价值的解读起到了重要作用，能够让大众更好地理解诗词文化，获得审美体验。以第五季第2期节目为例，节目时长1小时32分钟，安排了六位经典传唱人，每位经典传唱人的内容约15分钟，传唱人唱歌的时间在4分钟左右，节目点评、访谈时

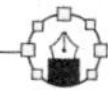

间约10分钟。可见，歌曲不是主要目的，立足传统文化，挖掘文化内涵，增强文化认同，坚定文化自信才是节目的最终目标。节目的语言方面，无论是主持人的引导、鉴赏嘉宾的点评还是传唱人对诗词的理解和感悟，都始终紧扣“文化”这一主题，凸显文化意义。

在访谈环节，杨千嬅说：“‘人间’就是现实生活中的我们可以感受到的一种很真实的感受，‘山寺’其实是一种自己心里面最理想的一个地方。但是可能在迷茫的时候或者是低迷的时候，你会和它走散，所以白居易里面说的那个一道春光就是心里面的一道光，你要怎么把它坚持找出来，慢慢走去接近自己心里面的大林寺……我觉得我们还是要坚持我们心中还是有春光，才可以在工作路上或者是生活上面有热忱，我相信每个人心里面都有一个‘大林寺桃花’。所以我还是觉得那个就是我们生存的乐趣吧。”

演唱《凤凰游》的经典传唱人刘迦说：“当听到这首歌的时候，我脑海里迸发了很多的灵感，所以我在想怎么来诠释这样的一个作品，能够让大家联想到李白，他的气节，他的那种情怀。”

接着撒贝宁评论道：“其实凤凰在中国人的这个文化意象当中，它还有这种永生涅槃的这个意思，所以就是这样的一种意境，在你的舞蹈里、音乐里，确实带给我们很多这种力量的冲击。”

在本期节目的最后，主持人撒贝宁说：“当你读起这些诗的时候，当你想到这些古人，他们在面对这些困难挫折的时候，是什么力量支撑他们，是一种怎样豁达的人生观在支撑他们，你内心会得到一种力量的支持，所以很多时候，中国的传统文化里是有自我治愈的这种能力，宝藏其实就在身边，在这些大美的诗词当中，在这些大山、大河、大川中，你是能找到五千年中华文明带给你的这种精神的滋养和力量的。”这就是节目语言中凸显的文化意义。

第十章　个案分析：北京冬奥会开幕式中的传播符号

北京冬季奥运会是指2022年在北京举办的第24届冬季奥林匹克运动会（XXIV Olympic Winter Games）。2022年2月4日晚，第24届冬季奥林匹克运动会开幕式在国家体育场举行。北京冬奥会是全球首次规模化使用8K技术直播的体育赛事活动，也是奥运会历史上首次使用8K技术进行开幕式直播的赛事活动。2008年北京奥运会惊艳了全世界的目光，它给世界呈现了一场美轮美奂、无与伦比的视觉盛宴。那么，时隔14年后，在同一城市举办的北京冬奥会开幕式，是否能再次让人眼前一亮、印象深刻？这一次面向全世界会讲述什么样的中国故事？本章将从传播符号的角度进行解析，分析其具象化的符号、叙事符号文本以及符号所承载的意义。

第一节　开幕式中具象化的传播符号

仪式也是一种符号，它传递着特定的意义。仪式本身是由一个个符号组成的体系，符号象征着“某种神秘的力量”，人类构思、制作各种图腾符号，如石头、木头、羽毛等。仪式符号一直存在于人们的生活中，象征着某些特定的意义。

奥运会开幕式是一个盛大的仪式。在大众眼里，奥运会开幕式是一个富有象征意义的仪式，它寄托了国家认同、民族自豪和人类愿景。奥运会开幕式是将国家、城市的文化软实力向世界展示的绝佳窗口。奥林匹克的宗旨，是要为

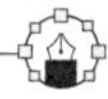

全世界各种文化营造一个相互尊重、包容、欣赏和交流的舞台，这个舞台万众瞩目。奥运精神一直是奥林匹克运动会中所有仪式活动的生命、灵魂和核心，开幕式作为奥运会最盛大的典礼，肩负着两大功能：一是演绎和表达奥运精神，二是塑造和传播国家形象。[①] 而奥运精神和国家形象是抽象的，需要通过具体的符号来展示。北京作为双奥之城，在 2008 年第一次举办奥运会的时候，已经通过各种符号的组合和聚合，向世界展示了中华民族大量的人文成就。当时所展示的符号包括中国汉字，四大发明，缶、古筝、琵琶、京胡等古典乐器，《千里江山图》《清明上河图》等古代名画，《高山流水》《阳关三叠》等名曲，还有日冕、古陶、青铜器、卷轴画、长城、茶、提线木偶、各式服装与建筑，等等。在动作行为上有诵读《论语》、丝绸之路、敦煌飞天、郑和下西洋、礼乐表演、太极拳、宇航员太空遨游等节目。同时也传播了“和”“天人合一”“三人行，必有我师”“四海之内，皆朋友”等文化理念。

那么 2022 年冬奥会开幕式上该如何展示？北京冬奥会导演张艺谋带领的团队，返璞归真，化繁为简，围绕“奥运精神”和“冬奥”这两个关键词，把视觉符号具象化为五环和雪花。

奥运五环是现代奥林匹克运动的标志，它是由现代奥林匹克运动的创始人皮埃尔·德·顾拜旦（Pierre de Coubertin）设计的。五环代表五大洲。奥林匹克五环是一个整体。亚洲是黄色的，非洲是黑色的，欧洲是蓝色的，美洲是红色的，大洋洲是绿色的。五环代表世界五大洲，五种颜色代表五大洲不同肤色的人。五环合在一起代表五大洲的人们可以友好相处。1920 年第 7 届奥运会，奥运五环标志正式投入使用。在此后的每一届奥运会开幕式中，五环展示都是最重要的环节。各国奥运会开幕式都力求创意呈现五环。例如，2004 年雅典奥运会的水火交融的奥运五环，2008 年北京奥运会的梦幻五环，2012 年伦敦奥运会的钢铁五环，2016 年里约奥运会的植物五环，都曾带给世界震撼和惊喜。

北京冬奥会五环创意设计为冰雪五环。体育馆内水墨滴落，瞬间幻化成一幅气势磅礴的中国画。画中奔腾汹涌的景象，犹如“黄河之水天上来”。滚滚波涛中，孕育着对冰雪的期盼，对未来的希望。随后，河水逐渐冰冻，静谧中，整个世界变成冰雪之境。一座透明的冰立方凝结成形，拔地而起。随后冰

① 金涛．五环之光：从创意嬗变中看文化软实力 [N]. 解放日报，2021-08-19（9）.

雪消融，冰雕奥运五环“破冰”而出，破冰寓意打破隔阂、大家融为一体。

雪花是北京冬奥会的另一个重要的具象化符号，同时也是北京冬奥会故事的叙事符号。雪花也是开幕式的核心元素。雪花闪闪发亮，在暗蓝色背景的开幕式现场，成为万众瞩目的焦点。开幕式上雪花符号多次使用，一个能指对应多个所指，蕴含着不同的意义。例如：

雪花导视牌——“中国结小雪花”。设计成中国结形状，设计成盘长结，又称吉祥结，寓意长久永恒，也体现了中国文化特征。

雪花火炬台——“大雪花”。设计上，外圈雪花采用象征和平的橄榄枝，像一个橄榄枝花环长出了枝蔓。体现“团结”“我们是一家人”“我们是共同体”的文化理念。雪花内核则是96个以中国结元素编织的小雪花紧密相连，在突出“一起向未来”理念的同时将东方美学与奥运精神有机结合。

雪花队牌。引导员手持雪花，带领运动员代表队入场。运动员入场结束，一片片镌刻着各代表团名字的晶莹雪花纷纷落下。引导员们手持雪花形状的引导牌向场地围拢。

在色彩符号上，五环和雪花都为白色，且发光发亮，整个场馆为蓝色，蓝白相衬，极具美感、浪漫色彩。

此外，具象符号还有奥林匹克运动会会旗、中国国旗、白鸽。旗帜是奥运会中必不可少的符号。“白鸽”是虚拟的，孩子们手持闪闪发光的“白鸽”，自由欢愉地奔跑，从四面八方汇聚到体育场正中央，组成一个心形，环绕在那片“大雪花”周围。

音乐是奥运会开幕式必不可少的听觉符号。北京冬奥会开幕式音乐有：儿童小号《我和我的祖国》《让世界充满爱》，还有《奥林匹克颂歌》，44个来自大山的孩子用希腊语演绎了奥林匹克运动会会歌，精选了19首世界著名古典音乐的选段，以表达中国文明对世界各地文化的尊重。音乐符号也紧紧围绕“奥运精神”这一中心。

无论是视觉符号还是听觉符号都很简约纯粹。北京冬奥会的具象符号还充满时尚感，璀璨夺目。这时尚感是高科技带来的，体现了融媒体时代传播符号的虚拟性、数据化特征。例如，以“立春”为主题的表演运用了裸眼3D技术，数百名演员手持发光杆营造光影互动的美感，寓意春天的花朵在纯净的“冰面”上绽放。

整场开幕式中，表演者的舞台是一块巨型光影地屏，营造出超大“冰面”的视效，地屏画面每一秒都在根据节目的调整而变化，或空灵或浪漫，呈现独特的美学，这是中国科技和演艺技术相结合的成果。

“黄河之水”的视觉图案设计、“冰雪五环”的屏幕拼接都是经过图像处理算法，让机器“学习”大量中国传统水墨画后建模生成的，这是数字科技对中国传统水墨风格的解构与重塑。

在“放飞和平鸽”主题歌曲演唱环节，孩子们拿着一只只可爱的发光小鸽子自由欢愉地奔跑，与脚下晶莹闪亮的“星星雪花”嬉戏互动。这一浪漫场景，全部由人工智能动作捕捉技术实现。

第二节　开幕式中叙事符号文本解读

叙述是一种特殊的符号文本，用最简单的话来说，叙述是带有故事情节的符号文本。一旦符号文本描写人物和变化，就成为叙述。虚构性叙述和事实性叙述，是叙述重要的两个大类。事实性的叙述就是叙事，但其说明的不一定是“事实”，而是传播者有意传递、想让接收者看到的事实。如果说奥运会是一个国家向全世界讲述自己国家故事的平台，那么如何讲好这个国家故事就十分重要。

如何面向世界成功构建国家叙事，是每一届奥运会开幕式导演面临的最大挑战 。把握人和技术、仪式和表演、故事和场景的分寸，在有限的时间内找到合适的载体，讲好本国和全球的故事，这对个人、团队乃至国家都是巨大考验。

一般来说，奥运会开幕式上的表演大多遵循篇章式的戏剧结构，按时间进行线性叙事，最常见的即是“过去 - 现在 - 未来”三段结构，即展示一幅表现发展历史进程的全景图。例如，雅典奥运会开幕式再现了希腊民族史诗叙事的能力，其中，“历史的年轮”章节，演绎了从荷马时代到现代雅典的西方文明史，被称作艺术史教科书式的表演。2008 年北京奥运会开幕式采取了上下体的史诗叙事：上篇名为《灿烂文明》，展现中华文化的古老文明；下篇名为《辉煌时代》，表现中国对未来的憧憬。五千年文明和百年强国梦，浓缩在 4 小时的表演中。

2022 年北京冬奥会的叙事文本符号就是“一片雪花”。以小见大，用雪花的形态及雪花的故事，去展示奥运主题。雪花的故事贯穿开幕式始终，这是独特的叙事视角，也是前所未见的一个叙事符号文本。

张艺谋说，开幕式讲的就是“一朵雪花的故事”。“世界上没有两片雪花是相同的”，然而“每一朵雪花都是温暖的”，在鸟巢，不同的雪花围绕着同一个火种“一起向未来”。

观众得到的礼包、倒计时短片、参赛国家和地区引导牌、演员服装、部分表演的背景、主火炬，都由“一朵雪花”贯穿始终。倒计时短片中，二十四节气中的“小雪”“大雪”首先奏响了春的序曲。带领运动员代表队出场的引导员，犹如雪中仙子，高举着闪亮的雪花，以完美的姿态行进，洋溢着中国青年的友好、大气和自信。

伴随着披头士乐队《想象》的旋律，24 名轮滑青年从茫茫白雪中滑出一道道中国结，展示“更快、更高、更强——更团结”的奥林匹克格言。6 名旗手手执奥林匹克会旗入场，其中就有中国首枚冬奥会花样滑冰双人滑金牌得主——申雪。申雪的人生与雪花有不解之缘。申雪是哈尔滨人，出生当天雪花飞舞，父母以“雪”作为她的名字，希望她的一生如冰雪般纯洁。巧合的是，她的事业也始终与冰雪相伴。申雪希望更多年轻人加入冰雪运动中来。如今，“三亿人参与冰雪运动”的目标已经实现，冰雪运动不再是“不出山海关”，不同地区、不同年龄的人们都见证着、享受着冰雪带来的快乐。

北京冬奥会开幕式上，人们看到，在地球的映衬下，雪花纷纷下落，汇聚成大雪花，遨游天际后，飞回地屏中心。在万众瞩目下，一个长约 15 米、含有所有参赛国家和地区名称的雪花形火种装置缓缓升起，浪漫纯洁、熠熠生辉，闪耀在“鸟巢”体育场中央。那一刻，全世界人民就像舞台中央的一朵朵小雪花，紧密地连接在一起。

雪花，第一次承载了如此温暖而宏大的寓意。北京冬奥会是在特殊背景下举办的，很多国家和地区的运动员克服重重困难，前来参加冬奥会。这朵雪花讲述的不仅是“我”的故事，更是“我们”共同的未来，有着人类命运共同体的重要意义，“全世界必须团结互助，才能战胜困难”。

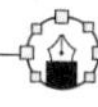

雪花，是北京冬奥会精心选择的一个具象符号，也是一根金线，它穿针引线，连缀起开幕式的人、事和各个环节。每一朵雪花、每一个国家和地区汇聚在北京，就会成为一朵最璀璨的雪花。

第三节　开幕式中符号的文化意义

符号是人类所特有的，符号具有意义。符号的多重意义中包含着文化意义，符号是人类文化的体现。一个社会的文化体系往往是由一个社会的象征符号表现出来的。文化体系一般包括物质文化、制度文化和精神文化三个层次，其中核心的是精神文化，包括世界观、价值观、审美观等。

文化展示是奥运会开幕式的核心内容。奥运会开幕式的文化元素包含三类，一是神话，具有民族特征的神话是天然的故事原型；二是历史，文明、国家和城市的发展历史是绝佳的故事素材；三是器物和图腾，即具有本土传统文化特征的代表器物和标志图腾。浅观北京冬奥会，似乎没有这三类元素，但仔细品味，就如总导演张艺谋所说的，这是一场每一分钟都带有中国文化的开幕式。

北京冬奥会上的中国文化，不仅体现在充满中国特色的传播符号里，也体现在中国人的审美观、生命观、价值观和宇宙观里，更体现在中国人的集体意识和心理状态里。下面将具体阐述北京冬奥会开幕式上符号的文化意义。

一、二十四节气倒计时

2008 年，北京奥运会的开幕式定在 8 月 8 日晚上 8 点，“8”是中国人喜爱的一个吉利数字，反映了民族文化心理特征。北京冬奥会开幕式则选在了 2022 年 2 月 4 日，这一天恰逢二十四节气中的立春，这寓意着万物生长、新的开始。二十四节气凝聚着中国人观察自然的古老智慧，展现春夏秋冬时节更替中的如画江山，饱含冬去春来、欣欣向荣的诗意气韵，蕴含中国人的生命观、价值观和宇宙观。

二、五环标志的亮相

五环标志是每届奥运会开幕式的目光聚焦点。北京冬奥会采用的创意是：黄河之水倾泻而下，一瞬间河水遍布地面，慢慢冰冻。一块晶莹剔透的巨大冰立方从地面上升起，激光雕刻出历届冬奥会的标志。随着冰球撞击，冰雪五环融冰而出，让人想到唐代诗人李白的诗句“黄河之水天上来，奔流到海不复回”，气势磅礴，充满了中国美学的意趣和山水画的美感。“冰雪五环融冰而出”寓意不同国家、民族的运动员打破隔阂，全世界人民融为一体的美好意愿。

三、“不点”主火炬

历届奥运会点火方式都是万众瞩目、万众期待的焦点。点火是人类社会最原始的行为，也隐喻了奥运会开幕式中一些最朴素的美学特征：可传递、可复制和可持续。圣火，在开幕式的语境中，不单纯是形式，而是奥林匹克精神的重要象征。2008 年北京奥运会开幕式，李宁在“鸟巢”上空，伴随着“祥云”卷轴的徐徐拉开，以空中漫步的方式点燃了圣火……2022 年，北京冬奥会采用“不点”主火炬的方式，将熊熊燃烧的奥运之火，幻化成雪花般圣洁、灵动的小火苗，这一创意来自低碳环保的理念。张艺谋说，随着环保理念愈发深入人心，他坚信奥运圣火往熊熊大火的形态总有一天要改变，而北京冬奥会恰好抓住机遇，这种改变是颠覆性的。“只要点燃大家的心中之火，就是最璀璨的圣火！”北京冬奥会独特的点火方式体现的是背后的环保理念。

四、开幕式风格的变化

奥运会的开幕式在 2008 年前，一般追求大装置、大视觉和大制作。2012 年到 2021 年，伦敦、里约和东京这三届奥运会，是以“舞台”为核心的开幕式，聚焦体育场的中心草坪，着重使用影像技术，强调绿色环保。2008 年北京奥运会就是场面壮观、气势恢宏的大制作，展现出波澜壮阔的中国历史画卷，华灯灿烂，流光溢彩。2022 年，北京冬奥会风格改变，不再过多呈现中华五千年的历史和文化，而是追求简约、安全、精彩。其并不着重展现数千人同场演出的宏大场景，而是着力呈现一种唯美空灵的浪漫风格。整场晚会围绕柔韧的春草、稚嫩的孩童和飘扬的雪花展开，三个意象的共同点是清新、柔美、轻

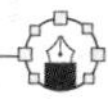

盈，但又充满力量、预示希望，寓意着当下的世界需要的是互相理解与和衷共济，需要以柔软的双手与开阔的胸怀来呵护和平与希望。它体现了以和为贵、以仁为美、以柔克刚的中国传统智慧。北京冬奥会开幕式的艺术风格如同“轻轻的呼吸”般，展示柔软——通过春草、孩童、雪花、微火，演绎天、地、人之间的和谐共生，展现当代中国在构建人类命运共同体时的担当与情怀。

五、从“我”到我们

开幕式总导演张艺谋说，这次希望从展示“我”变为展示“我们”，展现“一起向未来”的人类共同的情感，描绘新时代。

奥运会会歌由山里儿童演唱。北京冬奥会不再大张旗鼓地征集会歌，不再选择知名歌星演唱，而是选择了 44 个山里儿童组成的马兰花合唱团，由他们两次登上舞台，用希腊语演唱奥林匹克运动会会歌，朴素的表演、天籁的童声响彻会场，也走进世界各国观众的心中，传递和平与友爱。

国旗手手相传。开幕式上传递国旗的人，包括中国各行各业的代表和 56 个民族的代表。他们用手手相传的方式，表达人民和国旗之间的情感和关系。

整场开幕式贯穿“人类命运共同体”的理念，用“一朵雪花”的故事连接中国与世界，冰雪健儿相聚五环旗下，温暖与希望、团结与勇气从这里传递。

从北京奥运会到北京冬奥会，14 年过去，奥运会开幕式上的叙述主体从“我”变成了“我们”，叙事逻辑从“讲历史”到“向未来”，这背后是中国人观念的转变与文化自信的提升。

总之，在这个奥运梦与中国梦交汇的历史节点上，中国人民用一场“简约”“安全”“精彩”的开幕式，实现了中国审美和现代科技手段的完美契合，实现了中国传统文化和奥运文化的深度结合，为世界展现了“流光溢彩”“浪漫”“现代”中国的新时代新风貌。

第十一章　个案分析：《“字”从遇见你》第一季节目中的符号分析

《“字”从遇见你》是中央广播电视总台影视剧纪录片中心出品的系列纪录片。该系列纪录片共分三季播出，第一季于 2022 年 4 月 3 日开播到 5 月 23 日收官，共 25 集，每集聚焦一个汉字，时长 5 分钟，以短视频的方式讲述汉字故事。该纪录片从最基本的汉字开始，结合孕育汉字的生活情境与历史场景，故事化地讲述汉字的来源和流变，带你挖掘汉字背后的文化密码。自该片在 CCTV-1、CCTV-9 播出以来，不断地掀起收视和话题热潮。据 CCTV 纪录微信公众号报道，截至 5 月 26 日，该纪录片全网播放量超过 2 100 万，各平台热搜 16 个，话题阅读量超 4.2 亿，整体观众规模超 1.06 亿人，是一档取得超强传播效果的大众传播节目。“字”本身就是一个符号，如何用可视化符号来诠释“字”这个符号，下文将从传播符号、意见以及融媒体特征三个方面来分析。

第一节　《“字”从遇见你》中的符号

一、25 个汉字符号

“字”本身就是一种符号。文字是记录语言的书写符号系统，是人类重要的辅助语言的交际工具。人类先有口头语言，再有书面语言。口头语言是听觉符号，它只能依靠人与人之间的口耳相传、心记脑存，信息不易保存，信息传播受到时间与空间的限制。文字是视觉符号，其打破了口头语言的局限。文字

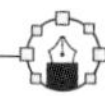

能够把信息长久地保存下来，也能把信息传递到遥远的地方，文字表达的逻辑严谨性，使历史、文化得以保存。正是文字的诞生，开启了人类的文明史。文字是人类传播史上继语言之后的又一次变革。

汉字是记录汉语的书写符号，是历史最悠久的文字之一，世界上四大古老的文字分别是：古埃及的象形文字、古巴比伦的楔形文字、古印第安人的玛雅文字和中国的甲骨文。前三种文字均已失传，只有中国的甲骨文经形体演变之后，至今还在使用。

考古资料显示，汉字已有6000余年的发展史。目前发现的中国最早的成熟汉字是甲骨文，它因刻在龟甲兽骨上而得名，主要指中国商朝晚期王室用于占卜记事而在龟甲或兽骨上契刻的文字，它是中国及东亚已知最早的成体系的商代文字。目前发现的甲骨文文字约3500个。甲骨文中原始图画文字的痕迹比较明显，象形意义也比较明显。甲骨文多是象形文字，世界上早期的文字几乎都是以象形文字为主。在字的形体上，汉字经历了很多变化，如图11–1所示。

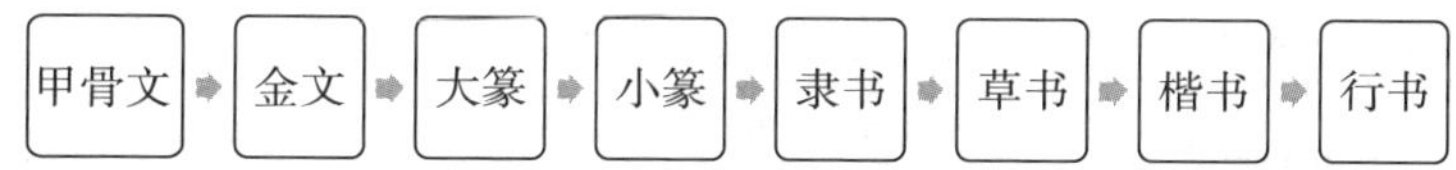

图11–1　汉字形体演变图

第一次全国统一使用的文字是小篆，是在秦始皇统一六国后推行使用。形体上和现代汉字最接近的是汉代的隶书，汉字的标准形体是楷书，书法作品中常见的是草书、行书。

汉字是表意文字，汉字的造字法包括象形、指示、会意和形声。汉字大部分字形喻示了部分或全部字义。

象形。许慎在《说文解字》中说"象形者，画成其物，随体诘诎，日月是也"。象形法是模拟事物的外部形状造字的方法，最早造出来的汉字很多都是象形字。

指事。许慎在《说文解字》中说"指事者，视而可识，察而见意，上下是也"。指事是用象征性符号或在象形字上加提示符号来表示意义的造字法。指事字如"刃"（用点表示刀刃所在）。指事字和象形字大多是独体字。

会意。许慎在《说文解字》中说"会意者，比类合谊，以见指撝，武信是也”。会意是用两个或两个以上的独体字根据意义之间的关系合成一个字，将这些构字成分的意义复合起来表示一个新的意义。会意字的出现是汉字从表形走向表意的标志。会意字如“歪”，将不正二字合为一字，“不正”即歪。

形声。许慎在《说文解字》中说“形声者，以事为名，取譬相成，江河是也”。形声由表示意义的形旁和表示读音的声旁组成。形声法以音义兼顾的原则来造字，突破了汉字单纯表意的体制，使字的结构成分有表意、表音的因素。

《“字”从遇见你》第一季节目，共挑选了25个汉字，每5个汉字组成一个小组，每个小组有自己的主题。25个汉字被分为5个既有文化感，又生动易懂的主题。如表11-1所示。

表11-1 《“字”从遇见你》第一季节目中的汉字

主题	汉字				
《天之下》1–5字	中	鼎	卜	天	福
《文明的缘起》6–10字	文	笔	册	典	图
《最初的生活》11–15字	走	舟	车	行	郭
《向何处去》16–20字	陶	甑	教	贝	丝
《世界还有它们》21–25字	犬	虎	马	牛	象

在第一季的25个汉字中，象形字占了绝大多数，包括中、鼎、卜、文、册、图、走、舟、行、贝、犬、马、牛、象。此外还有会意兼形声的字，如笔、福、教，这类字也和形状相关。虽然现代汉字经过隶变和简化之后已经看不出原来的形状了，但追溯汉字源头，其古字形仍能看出其象形的特征，例如马、鼎、册、牛这四个字，其象形特征一目了然：

马：其古字形象马的外形，头尾四足俱全，头颈部的鬃毛是它的特征。

鼎：其古字形象古代烹煮用的器物，一般三足两耳，也有方形四足的。

册：其古字形是把竹片或木片用绳子系在一起。

牛：其古字形像突出一对牛角的牛头。

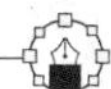

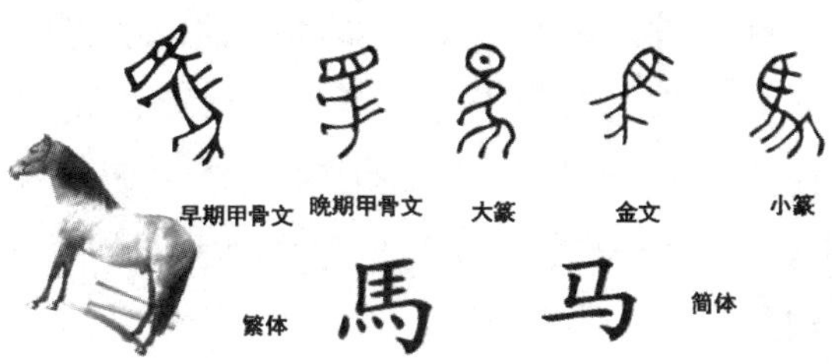

图 11-2　象形字“马”

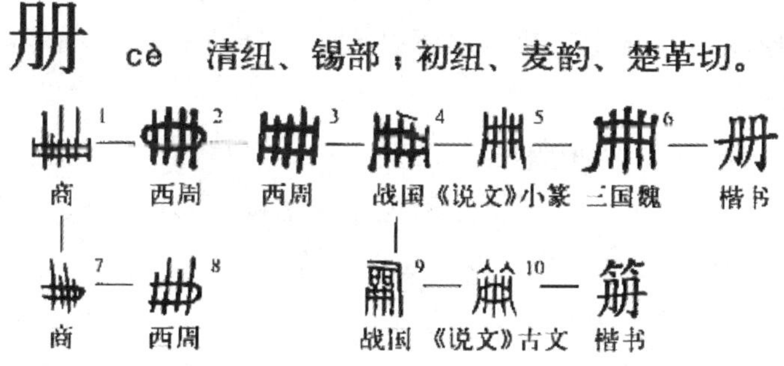

图 11-3　象形字“册”

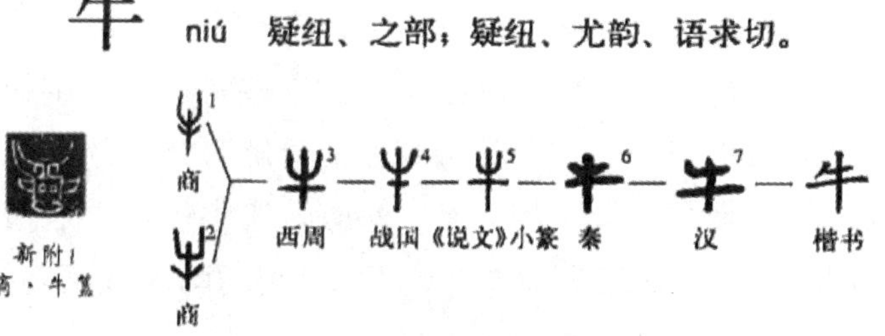

图 11-4　象形字“牛”

二、诠释汉字的可视化符号

文字是在有声语言的基础上产生并发展起来的书写符号系统。前文第一章阐述过，在人类的传播历史中，文字传播是一次大飞跃。文字的发明具有重要的意义，它能把信息长久地保存下来，能把信息传递到遥远的地方，它为人类文明的传承提供了前提条件。但是，文字本身是抽象的符号，如何诠释文字是一个挑战。《“字”从遇见你》节目努力寻找解读汉字的密码。节目中除了必不可少的解说词外，使用了大量可视化的符号来诠释“字”这一抽象的符号。在前文第二章中，阐述了符号及其分类。下面就从不同的角度阐述《“字”从遇见你》节目中运用到的可视化符号。

（一）动态的非语言符号

1. 动画。该节目虽然不是动画片，但运用了大量动画。动画能增加趣味性，并弱化乏味感和凝重感，使某些晦涩难懂的抽象概念变得更易理解，非常适合用来还原文字的演变。节目之所以运用大量动画与汉字的结构特点及汉字形体的历史演变有关。

汉字的结构可以从结构单位、结构方式、书写顺序来说明。汉字的结构单位包括笔画、部件、偏旁、部首。因为汉字结构上是由一笔一画构成的，传统的汉字基本笔画有八种，即“点（丶）、横（一）、竖（丨）、撇（丿）、捺（㇏）、提（㇀）、折（𠃊）、钩（亅）”，又称“永字八法”。基本笔画处于汉字中的不同位置时会发生变形。汉字的一笔一画还有书写顺序即笔顺。汉字的笔顺规则是：先横后竖，先撇后捺，从小到大，从左到右，先进后关，先中间后两边，从外到内等。部件是由笔画组成的构字单位。偏旁是组成合体字的结构单位。根据部件的多少，汉字可以分为独体字和合体字。独体字只有一个部件，合体字可以分为若干个部件。汉字结构的这些特点为汉字的分解、动画呈现提供了可能。如果是字母文字，字母则无法分解。汉字的形体随着不同的历史时期而演变，从甲骨文、金文到大篆、小篆、隶书、草书、楷书、行书，字形不断简化。因此《“字”从遇见你》节目可以用动画表现汉字的笔画、笔顺、部件、偏旁和形体变化。例如：

“鼎”字的动画表现，而且很“萌”，会说话会走路；

“走”字中“走路”动画；

“天”字中用“人”和“大”动画组合成“天”。

2. 真实的生活场景。语言源于生活，文字记录语言。因此，文字也与生活密切相关。《“字”从遇见你》第一期节目中的25个汉字，几乎都是汉语基本词汇。在词汇中，有一些是全民族使用得最多、日常生活中最必需的、意义最明确，为一般人所共同理解，几乎不用解释的词，就属于基本词汇。它包括有

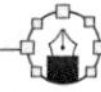

关自然界事物的，如天；有关生产和生活资料的，如车、舟；有关人的基本行为动作的，如走；等等。《“字”从遇见你》节目中展示的生活场景，例如：

“福”字中的酿酒场面；

“笔”字中制作毛笔的过程；

“车”字中动车飞驰的场面。

3. 真人形象。例如：

“天”字中的宇航员形象；

“册”字中的中国国家图书馆古籍修复师朱振彬。

4. 动物。节目最后五集讲的是五种动物：犬、虎、马、牛、象。因此出现了狗、虎的形象。

5. 虚拟动态场景。节目用VR、AR技术打造了栩栩如生的动态场景。例如：

“舟”字中出现的幽深峡谷、高山耸立、舟行峡谷、水雾弥漫、小鸟飞翔的虚拟场景，还一幅山水古画长卷动起来，小船穿行古画中，配上《独钓寒江雪》等诗歌。

（二）静态的非语言符号

1. 甲骨文。节目第一期选中的汉字几乎是汉字中历史悠久的字，用到大量甲骨文，大部分字都从甲骨文开始溯源。例如：

中、卜、福、文、走、虎、象。

2. 历史文物。古老的汉字往往与历史文物相关，或刻在器具上，见图11–3；或写在古画中，见图11–2。节目中与文字相关的历史文物很多，包括青铜器、竹简、圭表、何尊、铭文器皿、线装书籍、各式的鼎、尖底瓶、字帖、古字画。

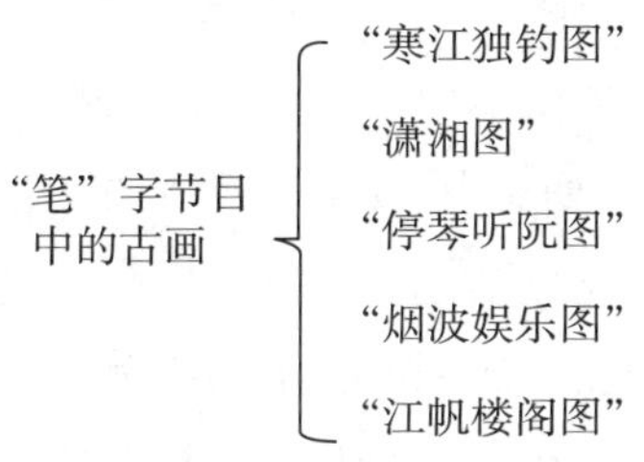

图 11–2　“笔”字节目中的古画

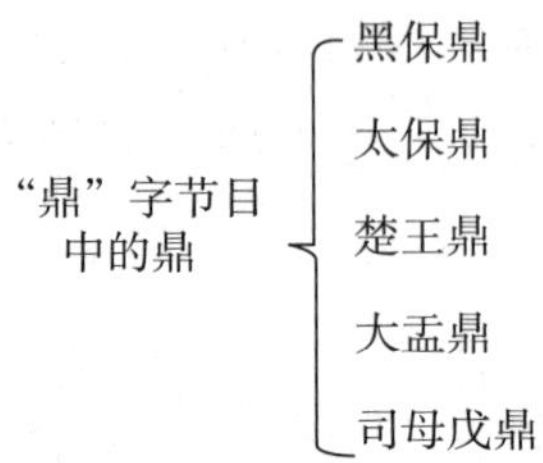

图 11-3 "鼎"字节目中的鼎

3. 图片。节目中使用了很多图片。例如：

"中"字用到了孔子画像图片；

"文"字中的手绘图片；

"教"字的闹学图、孟子画像等。

4. 地理山川、古建筑物实景。例如：

"中"字，用了河南嵩山的实景、洛阳的城市实景、少林寺实景；

"文"字中的"泰伯庙"等。

5. 遗址。例如：

"陶"字中的"陶寺遗址"、古观象台；

"车"字中的"殷墟车马坑遗址"；

"行"字中的"锁阳城遗址"。

6. 地图。如"图"字中用到的地图，包括古代地图、现代地图和电子地图。

7. 各种生活用品。包括刻刀、计算机、五谷杂粮、中国结、对联、米、钢笔、毛笔、墨、砚、字模、书架、图书，等等。

8. 数码符号。"卜"中用到了计算机大数据。

以上所列的可视化符号中，节目运用得最多的是甲骨文、动画、古文物。因为这 25 个汉字绝大多数是象形字，甲骨文是至今为止，发现的最早的汉字，甲骨文中大多数是象形字，所以甲骨文是重要的符号，这 25 个汉字几乎是常用汉字，历史悠久，这些字出现在古籍中、古代的器物中、书画中，可谓与古文物关系紧密，所以文物也成了一个重要的符号。同时，节目根据每期汉字主题的不同而选用不同符号。例如，"图"字中就选用了大量的古代地图、荆轲刺秦王中"图穷匕现"的故事；"笔"字中就选用了各式各样的笔；"福"字中就用了酿酒的生活场景，等等。可视化的符号使汉字不再是干巴巴的线条组

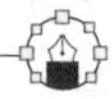

合，而是变得生动活泼，变得充满人间烟火气，变得充满人情味。

此外，节目还运用了听觉符号，主要是音乐和戏剧。在节目里，无论是配音、音效，还是配乐，都为节目场景感和历史感的营造、节奏的调剂起到了促进作用。例如，“虎”字中出现的中国鼓乐名曲“牛斗虎”很有气势；“象”字中用了 Rap 风格的音乐并用河南话演唱；“教”字中用了昆曲《春香闹学》片段。

借助以上丰富多样的传播符号，《“字”从遇见你》节目把握到了解读汉字的密码，很好地诠释了抽象的汉字，让汉字变得鲜活、有趣，魅力无穷。

第二节　《“字”从遇见你》中符号的意义

《“字”从遇见你》第一季节目中运用了丰富的符号，挖掘汉字密码，其意义内涵十分丰厚。

一、开播日期的文化意义

时间也是一种符号。时间能表达特定的意义。《“字”从遇见你》节目首播时间是 2022 年 4 月 3 日，属于中国二十四节气的谷雨期间，推出的第一个主题为“文明的缘起”。这与北京冬奥会选择立春作为开幕式时间有异曲同工之妙。二十四节气凝聚着中国人观察自然的古老智慧，蕴含中国人的生命观、价值观和宇宙观。“清明祭黄帝，谷雨祭仓颉”，谷雨是春季的最后一个节气。相传，轩辕黄帝的史官仓颉创造出了中国最原始的文字，上苍因仓颉造字而感动，为其降下一场谷子雨，这成为“谷雨”由来的一种说法。联合国将“谷雨”这一天定为联合国中文日，以纪念汉字始祖仓颉。汉语是联合国规定的六种官方语言之一（其他五种语言：英语、法语、俄语、阿拉伯语、西班牙语）。节目选择联合国中文日开播，具有特别的意义，是对中文的致敬。文字的出现，意味着文明大门的开启，从此人类进入了文明世界。因为有了文字，前代的信息、经验、文明才得以留存，万古流传；也正是有了汉语和汉字，中华民族才创造了五千年的文明。

二、汉字符号的本义与隐喻义

第一季节目的25个汉字，是符号。汉字是古人智慧的凝结。在汉字漫长的发展史上，不仅字形在演变，字义也在不断变化中。汉字的意义除本义外，还有引申义、隐喻义等，本义是字本身的意义，引申义是本义基础上推演出来的。汉字单义词是少数的，多数的字都有多重意义。每一个汉字都有自己的本义，同时也承载着特定的文化信息，具有深远的文化内涵，隐藏着丰富的人生哲理。

例如“典”字，它的本义是指有典范价值的重要文献书籍。典籍的内容是要人们信奉遵守的，因此引申为常道、准则，进而引申出制度、法律，又引申为礼节、仪式和典礼。由典籍本义还引申出典故、故事、典雅、古朴等义。它从“重要的文献”到“经典、典礼”再到“典雅”，已经成为中国传统文化中极为重要的美学范式。它揭示了汉字里所蕴藏的巨大的文化世界。

例如“象”字，本义是大象，一种动物，引申为形象，在文化中的寓意是吉祥。河南位于中原，自古就称为“豫州”，正如节目里所唱的：“河南的象，中原的象，历史存在的象，就是文化的样；文字中的象，生活中的象，历史存在的象，就是文化的样。”

节目的创作团队成员接受《新周刊》采访时说，这部以“字”为名的纪录片不止关乎字形，字形演变也不是所有单集节目的重点。大部分文字演变的信息，普通人可以通过书籍、互联网轻易找到，我们希望把这部分的“自由”留给观众。节目中对25个汉字意义的理解，是带着今人对文化的理解来思考的，同时也是带着时代性特征来阐述的，这从节目的解说词上可见一斑。

例如“文”字，中国人的生活中充满了文字，也充满了“文”这个字。在殷商时期的龟甲上，“文”字所展现的是一个人站在那里，胸口有一颗心状花纹，它的意思是花纹或者文身。文的含义从文身演变到文化，和三千年前吴国祖先泰伯的故事有关，而泰伯和他弟弟仲雍又有一段文身断发的传奇故事。无论是文身还是文化，“文”都仿佛一个人优雅地行于世间，优雅就是他的“文”。而我们的文字，被称作中文，细细想来，这个词语本身就有十足的美感，位于中心国度的美丽花纹，就是“中文”。

又如“舟”字，最早出现在商代，作为文明之间沟通的交通工具，随着舟

楫制造技术的不断进步，中国舟船出现越来越复杂的形态，人类用其通行、运输、经商、探险。如今，“舟”被运用到中国人制造的太空飞船“神舟”系列上，它所蕴含的文明、沟通、工具这几个关键意义，一直承袭不断。

再如“卜”字，几乎在每一块甲骨上，我们都能看到这个字，甚至有时候一晃眼就会错过，因为它和裂纹实在太像了，这个字很可能就来源于裂纹。“卜”字古往今来字形几乎毫无变化。

三、汉字符号的哲学意义

在文字发展演变的历史进程中，每一个汉字的背后都有自己的故事。这些汉字的聚合，又体现了中国文化的哲学意义。第一季节目把25个汉字编排为5个主题，分别是天之下、文明的缘起、最初的生活、向何处去、世界还有它们。这5个主题说明文字记录了人的生存环境、生产和生活资料、与动物的关系等。人活在天地间，从占卜祈福到追求文明，从物质条件到精神追求。这些汉字背后的历史故事、传说故事，体现了中国天人一体、万物生长、和谐共存的人文理念，而其中的核心则是中华民族亘古不变的家国情怀。例如“图”字，最早见于金文，方框念“口”（wéi），表示范围，中间的图案念“啚”（bǐ），是“鄙”的本字，周代将500家划为一鄙，每县有5鄙，两个字合起来组成“图”，为划定城市区域之意。在古代，一张小小的地图，代表的是至高无上的主权，谁拥有了地图，谁就能以上天的视角俯视这片土地。节目还在介绍了制图技术后总结“图反映的是人认知世界的能力和决心”。由此可见，节目说的不仅仅是字，更是生活的哲理。

四、汉字符号的文本意义

文本就是符号的组合。通俗地说就是节目如何叙述，如何讲好每一个汉字的故事。《“字”从遇见你》节目，综合情景再现、人物采访、动画模拟、声画运用等表达方式，从字形、字义等方面入手，以故事化的形式生动呈现了汉字的来源和流变。

节目的文本结构非常新颖，从汉字的一个点、一个字发散开，挖掘出了每个汉字背后浩瀚的中国人文历史典故，通过人量旁征博引，跨越想象的边界，让文字植根于历史与民族记忆，又勾连起现代与时尚新潮。同时，25个汉字的叙事角度并不相同，呈现了文本符号的丰富性。

例如在叙述“天”字时，节目用动画还原了甲骨文中的“天”“人”“大”三个字，把“天”字的形状类比成“一个脑袋大大的小人”“人”字更像卑躬屈膝的侧影，“大”则是顶天立地的强者形象，这种类比让观众有了直观的认识，继而阐明人类对“天”的看法。同时古人利用陶寺的 13 根夯土柱，守望亘古不变的天光，获得上天授予的时间，获得关于节气的信息。

例如“行”字，节目从甲骨文说起，“行”字犹如一个没有红绿灯的十字路口，当年它的意思是“道路”。通过山西平遥古城的街市，引出道路两旁开店是“行业”之意；从周代对道路的修建，引出“行走”“出行”之意；从古代交通不便，出行要跨越千山万水，追问“行与不行”；最后通过“丝绸之路”，表明 4000 年前我们华夏先人就构建了交通网。可以说，其实我们早就“行”了，而世界才刚刚知道。叙事角度从古到今，从中到外，虚实结合。

例如“鼎”字，节目以“鼎”串起了各个历史时期王权的象征。大禹平定四方后，将九州进献的青铜铸成 9 口大鼎，从此九鼎成了天命的象征、王权的代名词。商朝大盂鼎记载了周康王和贵族之间一段有趣的对话。而后节目还对三国时期“三足鼎立”进行了解读。节目通过文字、故事、历史、文化，以创新的思维让叙述循序渐进，文字自身的演变被放在每集的最后，当观众看完故事、听懂讲解，文字的演进便自然而然地实现了入脑入心。

例如“象”字，节目从甲骨文的象字入手，讲述商代中原一带的气候适合象生存，随着气候变迁大象灭亡，从象的骸骨引出“形象”，再对焦中原的河南，紧扣河南简称“豫”，通过两个河南小伙子用河南话说唱的方式串起和“象”相关的事物。讲解中融入了地理、气候知识，也有了现代气息。

第三节 《“字”从遇见你》节目的融媒体时代特征

《“字”从遇见你》第一季节目在 2022 年 4 月出品。在互联网技术、通信技术和国家融媒体政策的驱动下，目前已经进入融媒体时代。因此，节目的传播符号不可避免地具备了融媒体特征。

一、短视频轻体量传播

短视频是融媒体时代大受欢迎的媒介产品。短视频时长短，内容丰富，其时长一般控制在5分钟左右，非常适合受众在闲暇时利用碎片化时间观看。同时，短视频内容呈现能力并不弱，各类型内容都可以通过短视频表达出来。《“字”从遇见你》节目选择短视频的方式呈现，每个节目时长接近5分钟，用“轻量化传播方式”呈现厚重的汉字故事。短视频传播性强，传播的信息观点鲜明、内容集中、言简意赅，容易被用户理解与接受。短视频播放量通常会比长篇视频播放量高得多。短视频也方便在多渠道、多平台传播，传播体量轻，契合了当下全球短视频社交风潮，具备较大的国际传播潜力，可以作为向世界展示中华文化的窗口。

二、流媒体传播

流媒体是指将一连串的媒体数据压缩后，经过网上分段发送数据，在网上即时传输影音以供观赏的一种技术与过程。流媒体传播具有较强的实时性和交互性。

融媒体时代，传统大众传播媒体平台和网络平台已经打通，流媒体已成为广大网民获取资讯的重要途径。流媒体具有传播速度快、容量大、易检索、互动性强的先天优势，弥补了电视媒体在时间与空间上的局限性，能够满足受众对多元信息的需求。受社交平台视频发布规则的限制，大多数视频都以外部链接的形式存在，这些链接多来自其他视频网站，这就形成了流媒体新闻的二次传播。网络社交平台具有互动性强的特点，热点内容一旦出现，便可迅速引起广泛关注与讨论。在信息传播过程中，社交平台上的用户通过评论、分享、转发来表达自己对新闻事件的看法与态度，对节目内容进行二次解读，以“讨论”促“传播”，有助于提升作品热度。

《“字”从遇见你》第一季节目除了在CCTV-1、CCTV-9频道播出外，还在CCTV节目官网央视网上以流媒体方式传播，方便观众随时点击观看。

观众在观看的过程中，可以进退自如地反复观看。该节目在哔哩哔哩网站上也可以看到，观众通过弹幕互动，增加参与感，例如“鼎”字跳舞时，弹幕刷屏。

三、年轻化讲述，满足受众的需求

《“字”从遇见你》使用年轻化的传播语态，对造字情景进行轻松、愉悦的揭秘，让观众获得文字字源知识的同时，接受中国古典文化的美妙熏陶。

节目的解说词高度网络化，表现出轻松、有趣、卖萌的特点。网络语言有别于传统语言，具有口语化、生活化、幽默、轻松、可爱、接地气等特征。该节目片头没有常见的炫酷特效，不用传统的“音乐＋声效”模式，就一句“哎哟，那字怎么写来着？”作为片头，在这提笔忘字的网络时代，很接地气。片尾一句“今天你写字了吗？”，感觉就像是一句日常对话，有较强的对话感，容易唤起观众的注意力和参与欲，亲切自然，拉近了与观众的心理距离。

节目中的解说词十分生动、有趣、不说教，比起“教科书”般的答疑释惑，《“字”从遇见你》的解说词更像是一段段日常生活里轻松的聊天。

例如，解说“鼎”字的甲骨文时，解说用了“古朴的天然萌”“网络世界的宠儿”“萌萌哒”等新潮的词语，展示了古老与时尚的完美交融。

又如，解说“天”字时，从甲骨文的形态联想到飞天形象的头部被笼罩在巨大圆形之中，再到现代宇航员装备中看起来“大大的脑袋”，旁白将这些巧合罗列出来，对此发出了一句震惊的感叹：“我的天啊！”

再如，解说“车”字时，说：“有车并不是现代人才有的人生理想，古代如刘邦、项羽都不能免俗。”

节目年轻化的讲述方式，满足了快节奏时代受众的需求。融媒体时代，各种平台上的信息量巨大，受众的选择很多，受众在理解、记忆、接收信息的过程中，心理因素起着决定性的作用。年龄、性别、地域、社会阶层的人们兴趣和爱好都各有不同，要想在媒介传播竞争中立于不败之地，最重要的是满足受众的需求。相关研究表明，这个时代的受众喜欢轻松化、娱乐化的节目。总之，“年轻态”的节目风格，体现出节目顺应融媒体时代数字化发展的特征。

四、虚拟化数据化符号的应用

媒体的融合与发展，离不开互联网技术、通信技术、智能化技术。在技术的影响下，传播符号发生了很大改变。在前面章节的讲述中，我们说过融媒体符号具有多元性与立体性、互动性、虚拟性、数据化、智能化等特征，在

《“字”从遇见你》节目中我们也看到了融媒体符号的身影。节目用了 3D 动画、AR 增强现实，实现了逼真的虚拟情景再现，能让观众产生沉浸感，更好地理解文字的意义。

例如，在“舟”字中，打造了一个 AR 虚拟场景：两岸群峰壁立，小船、竹筏在峡谷的江中缓缓行驶，鸟在空中飞过，观众的视线随着船而移动。接着，船的形状不断变化，在虚拟的三峡画境中缓缓行驶。

又如，在“车”字中，使用了 3D 动画和 AR 来展示古人造车的场景、狩猎场景、战场上万马奔驰的场面以及秦始皇骑马巡行天下的场面。

再如，在“行”字中，运用 AR 技术打造了古人行走旷野的场景、公子哥们大摇大摆走在宽阔大路上的场景、“停车坐爱枫林晚”“轻舟已过万重山”“雪上空留马行处”“西出阳光无故人”“唐僧师徒西天取经”的动态场景。

还有，“占卜”展示计算机大数据与算法时，呈现的大数据画面。

总之，汉字作为世界上最古老的文字之一，历经了几千年的发展，至今依然散发着蓬勃的生命力，汉字是我们传播信息的重要工具。《“字”从遇见你》节目，聚焦汉字这一古老的符号，在汉字的一笔一画中解读其符号密码，揭示符号背后的多重意义，让人们习以为常的汉字充满无限魅力。遇见汉字，读懂汉字，品味汉字，民族文化的自信心和自豪感油然而生。期待《“字”从遇见你》第二季、第三季的节目呈现更多的精彩。

结 束 语

本书到此，已经接近尾声。在这个媒介化生存的时代，大众传播无时无刻不在包围着人们，影响着人们。这是一个“人人都是记者”的时代，自媒体也可以做到向大众传播。互联网的快速发展使媒体融合成为现实。作为一名传播者，不禁要问问自己：在这个融媒体时代，可以选择哪些符号去有效传播信息，自己又擅长使用什么样的传播符号？作为一名受众，最能接受、最喜欢的传播符号又是什么？关于大众传播的符号，笔者认为以下几个问题值得重视和思考。

一、传播符号与人类科技发展的问题

人类社会的生活离不开传播，人类要借助符号传播信息。从人类传播的历史看，经历了口语传播、文字传播、印刷传播、电子传播、网络传播时代。传播媒介、传播符号的每一次大变化都是人类社会的科技进步带来的。印刷技术的发展带来了印刷媒介，电子技术的发明产生了电子媒介符号，网络技术的发展带来了网络媒介符号。可以说，传播符号的发展变化一直追随着人类科技发展的步伐。新技术赋能“媒体融合”，传播新技术主要表现在电子媒介领域，如通信卫星、计算机网络等，由于其信息多样化、覆盖面广、时效性快等特点，其发展势不可挡。融媒体时代的大众传播符号呈现出多元性、立体性、互动性、虚拟性、数据化、智能化的特征，正是源于互联网技术、VR 技术、AI 技术、大数据技术、云计算、5G 技术、XR 技术的发展。人类一直在追求创新与突破，人类科技进步无止境，因此，传播符号的发展变化也是没有止境的。每一个时代的传播符号都带着时代的特征。

二、传播符号的发展趋势问题

大约10万年前，人类有了口头语言；大约公元前3500年，人类有了文字；大约620年，出现印刷；十九世纪中叶，发明了电子；1946年，电脑出现。回顾历史，你会发现人类发明新技术的速度越来越快，技术的更新换代也越来越快，相应地传播符号的发展变化也越来越快。从语言到文字，从电子到网络，从有线到无线，传播符号的发展呈现了从具体到抽象的发展趋势。从可看可听、实实在在的语言文字到虚拟的网络，再到VR、AR、XR技术带来的场景沉浸式体验，大众传播符号呈现了虚拟化趋势，传播符号正在从视觉、听觉延伸到了感觉、知觉。未来的传播符号是否会向更加高级的中枢神经延伸，让我们拭目以待。

三、符号与传播的主次问题

传播离不开符号。符号为传播服务这是毫无疑问的。如果把传播与符号的关系比作酒与瓶子的关系，那么传播是酒，符号是瓶子，瓶子是用来装酒的。当然，好的瓶子可以为酒锦上添花。如果没有什么酒，再美的瓶子也只是空瓶子。在融媒体时代，当传播符号在技术的加持下，变得特别时尚和吸引眼球时，是否存在一种可能，即传播的信息成为符号的陪衬，出现炫符号的现象。因为，以科技日益发展的速度看，目前的我们无法知道未来的符号将会是什么样。但笔者认为，信息永远是传播的本源。

四、大众传播符号背后的话语权问题

美国学者李普曼认为，大众传播创造的环境是拟态环境，是来源于真实环境却又与其不尽一致的媒介环境，是一种间接的感知，却常常被社会公众当作真实世界而接受的环境。大众传播符号背后的话语权在谁的手里，新闻来源、记者、编辑、新闻主管、媒介组织还是国家？这是需要具体问题具体分析的。

融媒体时代，技术带来传播符号的变化。当融媒体传播成为时代的潮流，当创意性的传播符号成为吸引受众关键之在的时候，传播符号背后的话语权是否会转移到技术研发人员手上？

五、大众传播符号背后的文化问题

大众传播符号背后是涉及很多文化问题的，文化中的价值观、文化身份的认同、文化语境等问题。任何一个国家和民族都有自己的文化，作为发展中国家和社会主义国家，中国的大众传播和大众文化有着和西方发达工业化社会不同的特质。我国的大众传播如何讲好自己国家的文化故事，展示民族的文化自信，前文分析的北京冬奥会开幕式做出了很好的示范。此外，大众传播如何处理与流行文化、精英文化、传统文化、主流文化的关系，这些都是大众传播中值得探究的问题。

参考文献

[1] 陈力丹，闫伊默．传播学纲要 [M]. 北京：中国人民大学出版社，2007.

[2] 郭庆光．传播学教程 [M]. 北京：中国人民大学出版社，1999.

[3] 胡正荣．传播学概论 [M]. 北京：高等教育出版社，2017.

[4] 李良荣．新闻学导论 [M]. 北京：高等教育出版社，1999.

[5] 邵培仁．传播学 [M]. 北京：高等教育出版社，2000.

[6] 邵培仁，陈兵．媒介管理学概论 [M]. 北京：高等教育出版社，2010.

[7] 李彬．传播学引论 [M]. 增补版．北京：新华出版社，2003.

[8] 李彬．符号透视：传播内容的本体诠释 [M]. 上海：复旦大学出版社，2003.

[9] 李彬．媒介话语：新闻与传播论稿 [M]. 北京：新华出版社，2005.

[10] 赵毅衡．符号学：原理与推演 [M]. 南京：南京大学出版社，2011.

[11] 赵毅衡．趣味符号学 [M]. 重庆：重庆大学出版社，2015.

[12] 赵毅衡．广义叙述学 [M]. 成都：四川大学出版社，2013.

[13] 蒋晓丽，赵毅衡．传播符号学访谈录：新媒体语境下的对话 [M]. 成都：四川大学出版社，2017.

[14] 饶广祥．广告符号学 [M]. 成都：四川大学出版社，2014.

[15] 张碧．社会文化符号学 [M]. 成都：四川大学出版社，2014.

[16] 叶舒宪，章米力，柳倩月．文化符号学：大小传统新视野 [M]. 西安：陕西师范大学出版社，2013.

[17] 赵星植．皮尔斯与传播符号学 [M]. 成都：四川大学出版社，2017.

[18] 赵星植．当代符号学新潮流研究（1980—2020）[M]. 成都：四川大学出版社，

2021.
[19] 陈飞鲸 . 传播学理论与实务 [M]. 北京：教育科学出版社，2014.
[20] 孙庚 . 传播学概论 [M].3 版 . 北京：中国人民大学出版社，2018.
[21] 黄华新，陈宗明 . 符号学导论 [M]. 上海：东方出版中心，2016.
[22] 龚鹏程 . 文化符号学导论 [M]. 北京：北京大学出版社，2005.
[23] 顾铮，罗岗 . 视觉文化读本 [M]. 桂林：广西师范大学出版社，2003
[24] 宋昭勋 . 非言语传播学 [M]. 上海：复旦大学出版社，2008.
[25] 陈卫星 . 传播的观念 [M]. 北京：人民出版社，2004.
[26] 张伦，王成军，许小可 . 计算传播学导论 [M]. 北京：北京师范大学出版社，2018.
[27] 胡泳，范海燕 . 网络为王 [M]. 海口：海南出版社，1997.
[28] 曾庆香 . 新闻叙事学 [M]. 北京：中国广播电视出版社，2005.
[29] 王亿本 . 大众非言语传播的功能研究 [M]. 北京：中国社会科学出版社，2016.
[30] 冯月季 . 传播符号学教程 [M]. 重庆：重庆大学出版社，2017.
[31] 彭兰 . 网络传播概论 [M]. 北京：北京：中国人民大学出版社，2009.
[32] 彭兰 . 中国网络媒体的第一个十年 [M]. 北京：清华大学出版社，2005.
[33] 彭兰 . 社会化媒体：理论与实践解析 [M]. 北京：中国人民大学出版社，2015.
[34] 谭天 . 媒介平台论：新兴媒体的组织形态研究 [M]. 北京：中国人民大学出版社，2016.
[35] 谭天 . 融合与转型：重构中国电视 [M]. 北京：中国广播影视出版社，2017.
[36] 林军 . 沸腾十五年：中国互联网 1995—2009[M]. 北京：中信出版社，2009.
[37] 李永刚 . 我们的防火墙：网络时代的表达和监管 [M]. 桂林：广西师范大学出版社，2009.
[38] 胡泳 . 众声喧哗：网络时代的个人表达与公共讨论 [M]. 桂林：广西师范大学出版社，2008.

[39] 刘德寰，刘向清，崔凯，等．正在发生的未来：手机人的族群与趋势 [M]. 北京：机械工业出版社，2012.

[40] 谷虹．信息平台论：三网融合背景下信息平台的构建、运营、竞争与规制研究 [M]. 北京：清华大学出版社，2012.

[41] 高钢．传播边界的消失：互联网开启文明再造时代 [M]. 北京：中央广播电视大学出版社，2016.

[42] 匡文波．新媒体舆论：模型、实证、热点及展望 [M]. 北京：中国人民大学出版社，2014.

[43] 牟怡．传播的进化：人工智能将如何重塑人类的交流 [M]. 北京：清华大学出版社，2017.

[44] 邓建国．媒体融合：基础理论与前沿实践 [M]. 上海：复旦大学出版社，2017.

[45] 王井．文化迁徙：媒介新技术与网络文化价值体系发展研究 [M]. 北京：中国社会科学出版社，2017.

[46] 叶冲．黑客：网络社会的流浪者 [M]. 上海：复旦大学出版社，2017.

[47] 施拉姆，波特．传播学概论 [M]. 何道宽，译．北京：中国人民大学出版社，2010.

[48] 麦克卢汉．理解媒介：论人的延伸 [M]. 何道宽，译．北京：商务印书馆，2000.

[49] 索绪尔．普通语言学教程 [M]. 刘丽，译．北京：中国社会科学出版社，2009.

[50] 巴尔特．符号学原理 [M]. 王东亮，等译．北京：三联书店，1999.

[51] 巴尔特．神话：大众文化诠释 [M]. 许蔷蔷，许绮玲，译．上海：上海人民出版社，1999.

[52] 巴尔特．符号帝国 [M]. 汤明洁，译．北京：中国人民大学出版社，2018.

[53] 科布利．符号学丛书：劳特利奇符号学指南 [M]. 周劲松，赵毅衡，译．南京：南京大学出版社，2013.

[54] 尼葛洛庞蒂 . 数字化生存 [M]. 胡泳，译 . 海口：海南出版社，1996.
[55] 罗洛夫 . 人际传播：社会交换论 [M]. 王江龙，译 . 上海：上海译文出版社，1991.
[56] 莱文森 . 数字麦克卢汉：信息化新纪元指南 [M]. 何道宽，译 . 北京：社会科学文献出版社，2011.
[57] 迪利 . 符号学对哲学的冲击 [M]. 周劲松，译 . 成都：四川教育出版社，2001.
[58] 李普曼 . 公众舆论 [M]. 阎克文，江红，译 . 上海：上海人民出版社，2002.
[59] 彼得斯 . 交流的无奈：传播思想史 [M]. 何道宽，译 . 北京：华夏出版社，2003.
[60] 彼斯特 . 信息方式：后结构主义与社会语境 [M]. 范静晔，译 . 北京：商务印书馆，2014.
[61] 特纳 . 象征之林：恩登布人仪式散论 [M]. 赵玉燕，欧阳敏，徐洪峰，译 . 北京：商务印书馆，2006.
[62] 汤林森 . 文化帝国主义 [M]. 冯建三，译 . 上海：上海人民出版社，1999.
[63] 波兹曼 . 娱乐至死 [M]. 章艳，译 . 桂林：广西师范大学出版社，2004.
[64] 班尼特 . 新闻：幻象的政治 [M].9 版 . 杨晓红，王家全，译北京：中国人民大学出版社，2018.
[65] 罗斯扎克 . 信息崇拜：计算机神话与真正的思维艺术 [M]. 苗华健，陈体仁，译 . 北京：中国对外翻译出版公司，1994.
[66] 菲德勒 . 媒介形态变化：认识新媒介 [M]. 明安香，译 . 北京：华夏出版社，2000.
[67] 盖茨 . 未来之路 [M]. 辜正坤，译 . 北京：北京大学出版社，1996.
[68] 埃诺 . 符号学简史 [M]. 怀宇，译 . 天津：百花文艺出版社，2005.
[69] 鲍德里亚 . 生产之镜 [M]. 仰海峰，译 . 北京：中央编译出版社，2005.
[70] 鲍德里亚 . 消费社会 [M]. 刘成富，全志钢，译 . 南京：南京大学出版社，2000.

[71] 霍尔 . 无声的语言 [M]. 刘建荣，译 . 上海：上海人民出版社，1991.

[72] 凯利 . 失控：全人类的最终命运和结局 [M]. 东西文库，译 . 北京：新星出版社，2012.

[73] 里夫金 . 零边际成本社会：一个物联网、合作共赢的新经济时代 [M]. 赛迪研究院专家组，译 . 北京：中信出版社，2016.

[74] 托夫勒 . 第三次浪潮 [M]. 黄明坚，译 . 北京：中信出版社，2018.

[75] 施尔玛赫 . 网络至死 [M]. 邱袁炜，译 . 北京：龙门书局，2011.

[76] 延森 . 媒介融合：网络传播、大众传播和人际传播的三重维度 [M]. 刘君，译 . 上海：复旦大学出版社，2012.

[77] 基恩 . 网民的狂欢：关于互联网弊端的反思 [M]. 彭兰，译 . 海口：南海出版公司，2013.

[78] 冈特利特 . 网络研究：数字化时代媒介研究的重新定向 [M]. 彭兰，译 . 北京：新华出版社，2004.

[79] 莱文森 . 思想无羁：技术时代的认识论 [M]. 何道宽，译 . 南京：南京大学出版社，2004.

[80] 卡斯特 . 网络社会的崛起 [M]. 夏铸九，王志弘，等译 . 北京：社会科学文献出版社，2006.

[81] 卡斯特 . 千年终结 [M]. 夏铸九，黄慧琦，等译 . 北京：社会科学文献出版社，2006.

[82] 里斯，特劳特 . 定位：争夺用户心智的战争 [M]. 顾均辉，苑爱冬，译 . 北京：机械工业出版社，2015.

[83] 凯利 . 科技想要什么 [M]. 熊祥，译 . 北京：中信出版社，2011.

[84] 温伯格 . 万物皆无序：新数字秩序的革命 [M]. 李燕鸣，译 . 太原：山西人民出版社，2016.

[85] 桑斯坦 . 信息乌托邦：众人如何生产知识 [M]. 北京：法律出版社，2008.

[86] 彼得斯 . 对空言说：传播的观念史 [M]. 邓建国，译 . 上海：上海译文出版社，2017.

[87] 柯林斯 . 互动仪式链 [M]. 林聚任，王鹏丽，宋丽君，译 . 北京：商务印书馆，2012.

[88] 莫斯可 . 数字化崇拜：迷思、权力与赛博空间 [M]. 黄典林，译 . 北京：北京大学出版社，2010.

[89] 盖恩，比尔 . 新媒介：关键概念 [M]. 刘君，周竞男，译 . 上海：复旦大学出版社，2015.

[90] 科瓦奇，罗森斯蒂尔 . 真相：信息超载时代如何知道该相信什么 [M]. 陆佳怡，孙志刚，刘海龙，译 . 北京：中国人民大学出版社，2014.

[91] 库尔德里 . 媒介仪式：一种批判的视角 [M]. 崔玺，译 . 北京：中国人民大学出版社，2016.

[92] 赵莹 .5G 时代的来临对新闻传播业的影响及思考 [J]. 新闻研究导刊，2019，10（19）：3–4，49.

[93] 徐静 . 机遇与挑战：5G 时代新闻传播领域的变革 [J]. 出版广角，2019（17）：31–33.

[94] 黄艺博 . 浅析 5G 时代下虚拟现实技术对新闻传播的影响 [J]. 传播力研究，2019，3（21）：287.

[95] 王晓东 .5G 技术对新闻传播的变革性影响研究 [J]. 传播力研究，2019（17）：31.

[96] 周文韬，孙志男 .5G 背景下主流媒体融合转型的可能性分析 [J]. 新闻战线，2019（3）：66–68.

[97] 宋建武 . 全面视频化：5G 时代封面新闻媒体融合转型的新路径 [J]. 传媒，2019（8）：11–12.

[98] 张光辉 . 以发展数字经济和 5G 技术为重点加快媒体融合与经营高质量发展 [J]. 中国记者，2019（1）：33–36.

[99] 刘长发 . 打造面向 5G 时代的新型媒体平台：上游新闻的融合发展实践 [J]. 新闻与写作，2019（3）：89–93.

[100] 熊瑛，杨建民 .5G 时代媒体融合视域下的主流媒体传播方式研究 [J]. 中国

传媒科技，2021（1）：39–40，64.

[101] 许向东 . 趋势、规范与本土化：移动传播时代数据新闻的生产实践研究 [J]. 新闻爱好者，2017（12）：20–23.

[102] 吴小坤 . 数据新闻：理论承递、概念适用与界定维度 [J]. 新闻与传播研究，2017，24（10）：120–126.

[103] 杨毅 . 融媒体时代 VR 新闻的探索与启示：以纽约时报为例 [J]. 传媒，2020（10）：60–63.

[104] 张钊瑜 .VR 新闻对新闻传播业态的重塑与反思 [J]. 新媒体研究，2019（6）：25–27，32.

[105] 宁俊源，邢永川 . 关于 VR 新闻的文献综述 [J]. 新闻研究导刊，2018，9（23）：45–46，180.

[106] 韦笑，潘理安 .VR 技术：对新闻传播业态的影响与改变 [J]. 新闻与写作，2017（8）：100–102.

[107] 吴军. 智能时代：大数据与智能革命重新定义未来 [J]. 金融电子化，2016，（11）：93.

[108] 孙婷 .VR 与新闻的融合研究 [D]. 苏州：苏州大学，2020.

[109] 周栋楠 . 全媒体时代 VR 新闻生产优化研究 [D]. 兰州：兰州财经大学，2020.

[110] 张思慧 . 媒体融合背景下我国 VR 新闻的发展研究 [D]. 锦州：渤海大学，2019.

[111] 张晓彤 . 主流媒体 VR 新闻生产研究 [D]. 哈尔滨：黑龙江大学，2019.

[112] 张晓哲 . 浅谈融媒体时代编辑素养 [N]. 中国新闻出版广电报，2022–03–23（4）.

后　记

本书的写作源于笔者执教“传播学理论与实务”课程多年。2003 年，在国家教育改革政策的激励下，我所在的福建省商业学校和其他两所福建省省属中专学校合并升格，跻身于高职院校行列。从中专到高职，是学校全面转型的过程，也是学校自身办学的一种突破与超越；于我个人而言，则是专业的转型和执教课程的改变。因工作需要申报新专业，在经过反复调研的基础上，我们申报了新闻采编与制作专业（网络编辑方向），2009 年开始招生，我承担了该专业的基础课程“传播学论与实务”的教学。该专业发展至今，不断壮大，专业方向也随着时代的发展更改为“网络与新媒体”方向。我担任传播学课程的教学至今已经 13 年。传播学是我国新闻传播类院校的专业基础课程。各校的课程名称不尽相同，如传播学纲要、传播学概论，但都属于传播学范畴。本校是为了适应高职培养应用型人才的需求，在课程中加入了实训内容，课程因此定名为传播学理论与实务。刚开始担任该课程教学时，我多少带着惶恐，唯恐误人子弟。为此，我花了大量的时间、精力阅读了很多传播学书籍，时刻牢记“给学生一杯水，自己就要有一桶水”。我在传播学的世界里摸爬滚打，沿着很多中外传播学者和名师指引的方向探索前行，对传播学知识从陌生到熟悉，慢慢摸出门道，从全盘接受到能抽身反思，传播学的世界在我眼里逐渐明晰。传播是一个古老的话题，传播学却是一个新兴的交叉学科，它和社会学、政治学、心理学、教育学等人文学科关系交叉渗透，又和数学、物理学、计算机科学、通信技术学等自然学科关系密切，充满着无限魅力。它既包含着很多经典传播理论，又有很强的应用性。传播与大众的生活息息相关，社会生活中到处都是鲜活的传播案例，传播学的教学内容从来不愁成为“无米之炊”。就研究的角度看，从传播学诞生之初对第一次、第二次世界大战宣传战中的实践课题，到如今信息化时代出现的传播新形态、新问题、新挑战，都值得学者们去不断探索与发现。

总之，传播学呈现的世界博大精深、异彩纷呈，深深吸引了我。时代在变，传媒在变，传统媒体衰微，新媒体不断崛起，传播学的知识一直在不断变化、丰富。传播学学无止境，教亦无止境。作为一个传播学的学习者、执教者、旁观者、实践者、见证者，我想我该记录下自己对传播学的点滴思考和探索，为自己的传播学执教生涯留下一点印迹。

本书的写作酝酿已久，从2021年年底动笔，历时近十个月完成。我虽然酝酿已久，但提笔依然感到困难重重，平时所思所想不能很好地表达出来，这可能源于自己学科素养和理论水平的不足。我身为一名高职院校的教师，任务繁重，日常工作繁忙，除了一年要完成近400课时的教学工作量外，还要完成教科研工作、下企业锻炼工作、指导学生毕业设计工作、指导学生实习工作，似乎总在奔忙中，难免感到分身乏术。不过，我最终克服种种困难，利用课余时间查找资料，利用寒暑假时间夜以继日写稿，完成了本书的写作。我想这份坚持源于对传播学十几年如一日的热爱。

在写作过程中，我参考、借鉴了很多学术成果，并尽量通过脚注和参考书目的形式规范引用。在此一并致谢新闻传播学的前辈、同行。但在标注过程中难免有遗漏之处，更望前辈、同行不吝赐教。